租 税 理 論 研 究 叢 書 ·····························33

人権と税制・税務行政

日本租税理論学会 [編]

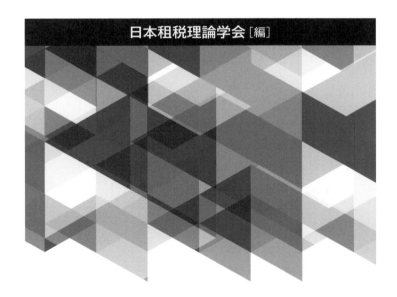

財経詳報社

租税理論研究叢書33「人権と税制・税務行政」によせて

　2022年度（第34回）日本租税理論学会の研究大会・会員総会・理事会は，2022年10月29日（土）および30日（日）の両日，ハイブリッド（対面／リアル＋遠隔／オンライン）方式で，東京都内，立正大学品川キャンパス（大会幹事・長島弘理事）で開催された。

　租税理論研究叢書33は，2022年度（第34回）研究大会での講演，一般報告，シンポジウムでの報告と質疑応答「討論」を収録したものである。

　はじめに，石村耕治（本学会理事長）による講演「タックスインデクセーション導入のすすめ ～いわゆる「物価スライド税制」の米日比較」が行われた。物価スライド税制は，租税法律主義，昨今の物価高で苦渋する生活者の生存権保障の視角からも，わが国でも真摯に議論されるべき重い政策課題である。

　一般報告（自由論題）では，①「美術市場と税制」（後藤和子会員），②「従業員の福利厚生と退職給付債務・税制」（壁谷順之会員）のテーマで，それぞれ報告が行われた。

　後藤報告は，高度な文化国家における美術市場の活性化に向けた税制インセンティブのあり方を丹念に探った力作である。

　壁谷報告は，私化傾向を強める年金や退職給付制度と税制インセンティブの動向を探ったものである。企業年金や退職給付制度は長期のスパンで考えないといけない。高齢になった後に給付を受ける退職者の生存権を考える場合，税制インセンティブに加え，物価スライドの視点も大事なのではないか。

　次いでシンポジウム「人権と税制・税務行政」では，①「年齢要件と税制」（木村幹雄会員），②「税務行政における手続保障と納税者の権利保護」（山本直毅会員），③「納税者の権利保護の国際的進展―近年の各国の動向と国際的議論の紹介を中心に」（望月爾会員），④「納税者支援調整官による苦情処理の現状と課題」（平石共子会員），⑤「人的資本会計が税務会計に与える影響」（宮崎裕士会員），⑥「環境会計と税務会計に関する共通的な課題―社会的責任と会計公準を中心として」（長谷川記央会員）のテーマで，それぞれ報告が行われた。

　木村報告は，税制における年齢基準の使われ方を人権論から深掘りしたもの

である。今後，最もホットなジェンダーなどの面からの分析も期待したい。

　山本報告と望月報告はともに，納税者の手続上の権利について知見を深めるにも有益な示唆に富んだ分析である。外国文献を使いこなしたグローバルな視座からの報告は，納税者は義務主体であるとするこの島国の伝統に，納税者を権利主体と見る思考回路を拓くには必須である。

　平石報告は，情報公開法を巧みに使い税務当局の不透明な苦情処理の実態を丹念に解析した労作である。常日ごろ零細中小事業者に傾注する形で税務支援を行っている実務家ならではのオリジナリティある報告である。

　宮崎報告は，人権DDなどの行動規範を明示した人的資本経営における税務会計や法人税法の所在を探った力作である。最近，有価証券報告書への人的投資や従業者エンゲージメントなどの記載が義務づけられた。一方で，生成AIの登場は人材の評価を根底から変えようとしている。宮崎報告は，税務会計の今後の展開を占ううえでも時機を得ている。

　長谷川報告は，法規範ではない会計公準に社会的責任論の典拠を求め，諸説を分析している。さらなるアップグレードな議論の展開に期待したい。

　以上のように，2022年度本学会での講演および研究報告は，広く税法，財政学，税務会計学の3分野にわたり，租税問題を総合的かつ科学的に研究する本学会の設立趣旨に沿うものであった。少々粗削りの報告も散見されたが，おおむね本学会がめざす研究報告のQC（質向上）に資する報告であった。各報告者には，今後のさらなる研鑽に期待したい。

　研究大会で司会を務められた阿部徳幸理事および望月爾理事には，心からお礼を申し上げる。

　2022年度は，本学会はじめてのハイブリッド開催であった。コロナ禍が終息しないなか，開催校幹事の長島弘理事は，本学会情報メディア事務センターと密にタイアップし，粛々と準備いただいた。長島理事，開催支援をいただいた立正大学学生や職員の方々には深謝申し上げる。

　また，本学会の租税理論研究叢書の発行にご尽力いただいている財経詳報社，同社の宮本弘明社長に心からお礼申し上げる。

石村耕治（日本租税理論学会理事長）

目　次

Ⅱ　一般報告

■執筆者紹介（執筆順）

石村　耕治（いしむらこうじ）　　　本学会理事長・白鷗大学名誉教授

木村　幹雄（きむらみきお）　　　　愛知大学経営学部准教授（当時）・税理士

山本　直毅（やまもとなおき）　　　大阪経済大学経営学部ビジネス法学科専任講師

望月　爾（もちづきちか）　　　　　立命館大学法学部教授

平石　共子（ひらいしきょうこ）　　税理士

宮崎　裕士（みやざきゆうじ）　　　熊本学園大学大学院会計専門職研究科　准教授

長谷川記央（はせがわのりお）　　　税理士

後藤　和子（ごとうかずこ）　　　　摂南大学経済学部教授

壁谷　順之（かべやのぶゆき）　　　長崎県立大学地域創造学部教授

講演
タックスインデクセーション導入のすすめ
——いわゆる「物価スライド税制」の米日比較——

石 村 耕 治

（本学会理事長・白鷗大学名誉教授）

はじめに

インフレーション／物価上昇に伴う税負担増（以下「インフレ税（inflation tax)」という。）は，必ずしも所得課税（income taxation）に特有のものではない。消費課税（consumption taxation）でも生じうる。[1] 消費課税では，納税義務者は，原則として事業者である。しかし，実際に税を負担するのは最終消費者（担税者）である。言いかえると，最終消費者は担税者としてインフレ税を負担することになる。なぜならば，課税対象物品やサービスの購入価格があがると，負担する消費税額も増えるからである。[2]

また，インフレ税で影響を受けるのは，個人納税者に限らない。企業納税者（法人や事業性所得稼得者）[3] も影響を受ける。

ただ，企業納税者の場合，所得課税では，一般的に課税所得算定の際の収益費用の額はインフレ率に応じて増大することから自動的に調整される。しかし，事業用資産の減価償却費については別である。インフレがある場合，実質的な減価償却額が低下し，その結果，税負担が増加する。すなわち，インフレがある場合，収益費用の額はインフレ率に応じて増大するものの，事業用資産の減価償却費についてはインフレ前の購入価額に基づいて計上されるので，他の費用と異なりインフレ率の影響を受けないまたはインフレ率がしっかりと反映されない。このことから，費用計上額の水準が現在の物価に比べて低くなり，課税所得が増大するという問題がある。企業納税者向けのインフレ税対策を求める重要なポイントとして指摘される。

一方，消費課税，とりわけ消費型の付加価値税（multi-stage consumption-type

1

VAT/GST）では，課税対象となる付加価値算定の際の前段階控除（仕入税額控除）などでインフレ調整が可能な仕組みになっている。すなわち，VAT/GSTの納税義務者（taxpayer）は事業者（enterprise）であるが，最終消費者（ultimate consumer）が担税者（tax bearer）となる仕組みである。その結果，インフレ税は，事業者ではなく，最終消費者が負うことになる。

　ただ，消費型の付加価値税では，企業納税者でも，公定価格に支配されている種類の事業を営む場合や，市場での競争的な地位が弱い場合には，仕入価格の上昇分を販売価格に転嫁できない場合も少なくないのも事実である。しかし，税法学固有の視角からは，物価上昇分を価格に転嫁できるかどうかの問題と，インフレ税への対応問題とを分けて検討する必要がある。

　加えて，インフレ税への対応については，「企業納税者」と「生活者」（給与所得者や年金受給者など[4]）に分けて点検する必要がある[5]。

I　インフレ税，皆で放置すれば選挙民は怖くない？？

　わが国の2021年度の税収が過去最高の伸びを記録している。3月末時点の一般会計税収は50兆3,611億円にも上った。20年度の同時点での税収12%弱上回る。インフレがひどくなってきている証拠であろう。インフレは課税ベースを広げる。インフレ分の減税をしないと，所得税，法人税，消費税などの負担が増えることになる。

　昨今のインフレ率はこれまでにない歴史的な高さだ。庶民の生活を犠牲にし，インフレを放置すれば，税収が自然増加し，国の借金の解消にもつながる。こうした政策の継続は，生活者，とりわけ低所得者や年金生活者を窮地に陥れる。だが，政権は，インフレを放置し，所得減税も，消費減税も口にしない。与野党とも，「インフレ税，皆で放置すれば選挙民など怖くない！」の姿勢のようにみえる。

　わが国では久しくゼロ金利政策が続いている。米英をはじめとして多くの諸国の中央銀行は，利上げ，金融引き締めに舵を切っている。「悪い円安」にストップをかけないと，輸入品の価格が高騰し，生活者の犠牲が増える。加えて，金利政策の正常化は待ったなしである。預貯金大好きの国民性を織り込んで考

えると，利上げはインフレ対策としても効果的である。放漫失政のつけを生活者に回すには筋違いである。

いずれにしろ，生活者は，「インフレ」と「インフレ税」の双方で苦しんでいる。

II　所得課税における「インフレ税」とは何か

所得課税における「インフレ税（inflation tax）」とは何かを探るには，まず「所得（income）」の定義を明確にしておく必要がある。

アメリカにおける伝統的な「所得」の定義は，1920～1930年代のシャンツ＝ヘイグ＝サイモンズ（Schanz-Haig-Simons）の考え方にまで遡ることができる[6]。この伝統的な考え方では，一言でいえば，個人所得課税のベース（personal income tax base）となる「所得」とは，一定期間における「消費（consumption）＋増加した純資産（net worth）の合計金額」である，とされる。

【表1】　伝統的な「所得」概念

$$I = C + NW$$

I（income）所得
C（consumption）消費
NW（net worth）増加した純資産
【期首と期末の差額】

この基本的な定義は，今日まで引き継がれている。一般に「包括的所得概念（comprehensive income concept）」と呼ばれる。財政学（theories of public finance）や税法学（theories of tax law）に共通の概念である。

しかし，こうした伝統的な所得概念のもとでは，消費者物価が上昇し，それに対応する形で賃上げその他社会保障給付が増え，所得の増加につながると，それに連動し税負担の増加につながる。

個人所得税では，超過累進税制を採用し，しかも所得控除や税額控除，税率表などが固定されている。このことから，所得の増加は物価上昇率とは関係なく，税負担の増加につながる。すなわち，ある世帯の所得が物価上昇の埋め合わせに必要なだけ増加する場合，名目所得（nominal income）の増加があったとしても実質所得（real income）には変化は生じない。にもかかわらず，名目所

得が増加した場合，各種所得控除や税額控除，税率表が調整されない限り，納税者はより多くの税金を負担することになる。場合によっては，納税義務は物価上昇率以上に増加する。そして，これにより実質所得は納税額増加分だけ目減りすることになる。

こうした現象は，「インフレ増税（inflation tax increases）」，「隠れたインフレ税（creeping inflation tax）」などと呼ばれる（以下「インフレ税（inflation tax）」という。）。

Ⅲ　インフレ税対策の選択

所得課税にあたり，物価上昇による名目所得の上昇，それに伴う税負担の自然増加を防ぐには「調整」が必要となる。インフレ税対策として調整，すなわち減税が要る。インフレ税対策／物価調整減税には，大きく分けると，次の2つの方法がある。

【表2】インフレ税対策での2つの選択

❶アドホック／裁量方式（ad hoc/voluntary / discretionary method）
❷タックスインデクセーション方式（tax indexation / automatic method）

わが国は，伝統的に，❶の方式によってきた。アメリカは，現在❷の方式によっている。

Ⅳ　インフレ税の影響は稼得する所得により異なる

インフレ税はあらゆる所得階層に影響を与える。しかし，その影響は，いわゆる"逆進的"であり，富裕層／高所得層よりも中所得層，中所得層よりも低所得層への影響が大きい。

また，わが国の場合，給与所得者に適用される給与所得控除や年金受給者の公的年金等の雑所得にかかる公的年金等控除は，定額・概算控除になっている。このため，物価上昇による経費支出分をしっかりと吸収するのは容易ではない。すなわち，給与所得者や年金受給者は，実額控除／必要経費控除の適用ある事業所得者などに比べ，物価上昇（インフレ）で受ける打撃が大きいといえる。各

4

種の定額・概算控除，アメリカ税法でいう標準（定額）控除（standard deduction）などの金額については，物価調整が的確に実施されないと，実質所得の目減りにつながる影響が大きい。

V　インフレ税対策を求める理論の萌芽

かつて，メルトン・フリードマン（Melton Friedman）は，「インフレは税である。しかも代表なければ課税なしのルール（taxation without representation）とぶつかる税である」と批判した。[7]すなわち，インフレが起きると，国民が選んだ議員で構成される議会が税制改正をすることなく，本来支払うべき租税に加えて，生活者か富裕層かを問わず，隠れた税の支払いを強要されることになることから，インフレ税は租税法律主義（tax legality principle）に抵触する，と指摘した。物価の自動調整（automatic adjustment for inflation）を可能にするタックスインデクセーション（tax indexation），つまり「物価スライド税制」を導入するなどして，対応策を実施するように求めた。

それでは，新自由主義者であるメルトン・フリードマンがインフレ税対策としてタックスインデクセーション（tax indexation）導入を示唆することは，どのような意味を持っているのであろうか。この問いに対する回答は，フリードマンが考えるインフレ税対策の範囲は，個人納税者については，「富裕層も生活者も」であるとするところに見出すことができる。

所得は，質的要素からみた場合，大まかに，次のように分けることができる。

【表3】　質的要素からみた所得分類

- ❶資産性所得
- ❷資産プラス勤労所得
- ❸勤労所得

すなわち，❶「資産性所得」とは，資産の運用・譲渡から見た所得である。実質的な意味での「勤労」の要素に欠ける所得である。わが国の所得税制を参考にすれば，利子所得（所得税法23条），配当所得（同24条），不動産所得（同

25条），譲渡所得（同33条）である。不労所得という意味では一時所得（同34条）もこのカテゴリーに含めてよい。これらの種類の所得のなかでも，譲渡所得，いわゆるキャピタルゲイン（資本利得）が，資産性所得の代表格といえる。次に，❷「資産プラス勤労所得」とは，資産と勤労の2つの要素の結合によって得られる所得である。事業所得（同27条），山林所得（同32条），公的年金等以外の雑所得（同35条）である。さらに❸「勤労所得」とは，❶の不労所得とは対をなす所得である。給与所得（同28条，57条の2），退職所得（同30条）である。

　生活者に対象を絞ってインフレ税対策を講じるとする。この場合，主な対象は❸勤労所得，さらには❷資産プラス勤労所得に絞られる。一方，富裕層も含めてインフレ税対策を講じるとする。この場合，❶資産性所得も含めて検討する必要が出てくる。その一方で，各種人的控除に関するインフレ税対策については，富裕層も生活者もあえて差別化して検討する必要がないようにもみえる。

　フリードマンは，インフレ税で犠牲者が出る場合，救済の対象は「富裕層も生活者も」だという。このことは，彼が考えるインフレ税対策の対象は，❷資産プラス勤労所得や❸勤労所得だけでなく，❶資産性所得も含むことを意味する。言いかえると，キャピタルゲインも物価調整の対象とすることを意味する。[8]

　しかし，インフレ税の救済対象に❶資産性所得も含むことには，強い異論または反対がある。[9] その理由は，長期キャピタルゲインにはすでに課税の繰り延べや優遇税率が適用されているからである。確かに，キャピタルゲインを物価調整の対象とすることは，概して富裕層のさらなる優遇につながり，さらに税制における不公平感を助長することになるのも事実である。

　しかし，キャピタルゲインを物価調整の対象から外すことは，税制の中立性という観点からは問題なしとはしない，との指摘もある。その一方で，キャピタルゲインへの優遇税制を残したままゲインを物価調整する方が，むしろ税制の中立性とぶつかるのではないか，との反論もある。[10]

　このように，キャピタルゲイン，さらには事業用資産の減価償却費などの物価調整については，いまだしっかりとしたコンセンサスが得られているとはいえない。また，税制を複雑にし，税務執行上の困難さもある。このため，諸国

における所得課税におけるインフレ税対策の範囲は，一般に❸勤労所得（earned income）や人的控除（personal deductions/exemptions），税率区分（tax rate brackets），その他生活者関連項目に留まっているのが実情である。

さらに，フリードマンは，タックスインデクセーション／物価スライド税制は，企業納税者に対しても拡大すべきであるとする。すなわち，対象に，事業用資産の減価償却費や在庫／棚卸資産などの項目も含めるべきと示唆する。

アメリカ連邦議会では，この点について議論が続いている。議会民主党は，タックスインデクセーション／物価スライド税制の対象を，できるだけ現行の生活者向け項目（Cost-of-Living items）に限定すべきだと主張する。一方，議会共和党は，富裕層向けの長期キャピタルゲインなどにも拡大すべきだと主張する。[11]

【表4】所得課税面からみたインフレ税対策の調整項目

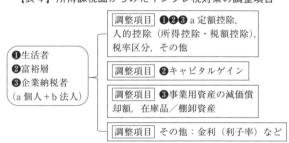

Ⅵ　アメリカの物価スライド税制の実情

カナダでは，1974 課税年から連邦個人所得税にタックスインデクセーション／物価スライド税制を導入した。一方，アメリカでは，当初，州レベルで所得税制にタックスインデクセーション／物価スライド税制導入の検討が始まった。連邦は，1975 課税年から，個人所得税制に一部タックスインデクセーション／物価スライド税制を導入した。[12]

共和党のレーガン政権は，1981 年の税制改正法である経済再建税法（ERTA ＝Economic Recovery Tax Act of 1981）で，この制度を拡大し，よりフルスケ

ールなものにした。すなわち，連邦議会は，1981年経済再建税法（ERTA）の施行に伴い1985課税年から，連邦税法典である内国歳入法典（IRC＝Internal Revenue code）に定める各種税率区分や人的控除に傾斜する形でタックスインデクセーション／物価スライド措置を開始した（IRC 1条1項，151条d項4号）。その後，さらに連邦議会は，1986年の税制改正法（TRA of 1986）を制定し，標準（定額）控除（standard deduction）や給付つき税額控除（EITC＝Earned Income Tax Credit）にもタックスインデクセーション／物価スライド措置を拡大した（IRC32条j項，63条c項）。

　このように，アメリカでは，究極のインフレ税対策として，早くから個人所得税制へのタックスインデクセーション／物価スライド税制を導入している。中間所得層（middle income class）や働いても貧しい人たち（the working poor）が，政権の失政ともいえる「インフレ税」のつけを払わされることのないようにするためである。連邦税制に恒久的なインフレ税対策を講じることにより，選挙民・納税者の要望に真摯に応えたといえる。言いかえると，与野党を問わず，連邦議会議員の間には「納税者が主役」の姿勢が強いことがわかる。

Ⅶ　毎年整然と実施される連邦のインフレ税退治

　アメリカ連邦個人所得税では，前暦年分（1月1日から12月31日まで）の確定申告または還付申告については翌年4月15日が期限になる。例えば2022暦年分については，2023年4月15日が申告期限になる。

　連邦の課税庁である内国歳入庁（IRS＝Internal Revenue Service）は，毎年，納税者が前年分のインフレ率（CPI）を翌年分の所得税の計算・申告に反映できるように，調整項目にかかる数値を公表する仕組みになっている。これに合わせて，財政当局が機械的に算定し，毎年スケジュールとして各種調整項目／物価スライド項目についてのインフレ調整された金額や比率を，レベニュープロシージャーで公表する仕組みになっている。

　2010課税年から2023課税年用のインフレ税退治策を盛ったレベニュープロシージャーを一覧にすると，次のとおりである。

【表5】インフレ調整のためのレベニュー
プロシージャー一覧

課税年	レベニュープロシージャー
・2010 課税年用	Rev. Proc. 2009-50
・2011 課税年用	Rev. Proc. 2010-40
・2012 課税年用	Rev. Proc. 2011-52
・2013 課税年用	Rev. Proc. 2012-41
・2014 課税年用	Rev. Proc. 2013-35
・2015 課税年用	Rev. Proc. 2014-61
・2016 課税年用	Rev. Proc. 2015-53
・2017 課税年用	Rev. Proc. 2016-55
・2018 課税年用	Rev. Proc. 2017-58
・2019 課税年用	Rev. Proc. 2018-57
・2020 課税年用	Rev. Proc. 2019-44
・2021 課税年用	Rev. Proc. 2020-45
・2022 課税年用	Rev. Proc. 2021-45
・2023 課税年用	Rev. Proc. 2022-38

今回報告する22暦年分について，IRSは，2021年11月10日に，レベニュープロシージャー20-21-45で，62項目にわたるインフレ調整金額を公表している。項目一覧を邦訳して示すと，次のとおりである。[13]

【表6】連邦個人所得税上のインフレ調整／物価スライド項目一覧（未定訳）

インフレ調整項目	該当条文
1　総合課税の場合の連邦の税率表／課税所得金額（Tax Rate Tables）	1条 j 項 2 号 A ～D
2　年少子供の不労所得（Unearned Income of Minor Children）（「子ども税（Kiddie Tax）」）	1条 g 項
3　キャピタルゲイン税率適用額（Maximum Capital Gains Rate）	1条 h 項
4　養子控除（Adoption Credit）	23条
5　子ども税額控除（Child Tax Credit）	24条
6　勤労所得控除（Earned Income Credit）	32条
7　適格健康プランに適用される還付つき税額控除額（Refundable Credit for Coverage Under a Qualified Health Plan）	36条の B 第 f 項 2 号 B
8　低所得者用住宅税額控除額算定上資本的支出扱いとなる改修費限度額（Rehabilitation Expenditures Treated as Separate New Building）	42条 e 項

36　生命保険会社以外の保険会社に対する課税（Tax on Insurance Companies Other than Life Insurance Companies）IRC831	831条
37　租税回避のための出国（Expatriation to Avoid Tax）	877条
38　出国にかかる納税義務（Tax Responsibilities of Expatriation）	877条のA
39　外国勤労所得への課税除外額（Foreign Earned Income Exclusion）	911条
40　譲渡または交換にかかる債務証書 Debt Instruments Arising Out of Sales or Exchanges	1274条のA
41　遺産税にかかる統一税額控除額／生涯非課税枠（Unified Credit Against Estate Tax）	2010条
42　故人の総遺産における適格不動産価額（Valuation of Qualified Real Property in Decedent's Gross Estate）	2032条のA
43　贈与における年間の非課税額（Annual Exclusion for Gifts）	2503条，2523条
44　アロー・シャフトに対する個別消費課税（Tax on Arrow Shafts）	4161条
45　航空運輸乗客への個別消費税（Passenger Air Transportation Excise Tax）	4261条
46　一定の免税団体に対する控除対象とならない政治工作費の報告義務の免除（Reporting Exception for Certain Exempt Organizations with Nondeductible Lobbying Expenditures）	6033条e項31号
47　外国人から受けた多額贈与の報告（Notice of Large Gifts Received from Foreign Persons）	6039条のF
48　連邦租税先取特権に対抗できる者（Persons Against Whom a Federal Tax Lien Is Not Valid）	6323条
49　差押え禁止財産（Property Exempt from Levy）	6334条a項
50　賃金，給与その他の所得への差押禁止額（Exempt Amount of Wages, Salary, or Other Income）	6334条d項
51　一定額の遺産税延納のかかる利子（Interest on a Certain Portion of the Estate Tax Payable in Installments）	6601条j項
52　納税申告書の提出義務違反（Failure to File Tax Return）	6651条
53　情報申告書，登録書類等の提出義務違反（Failure to File Certain Information Returns, Registration Statements, etc.）	6652条
54　他の者の納税申告書作成者に対するその他の制裁（Other Assessable Penalties With Respect to the Preparation of Tax Returns for Other Persons）	6695条
55　パートナーシップ申告書の提出義務違反（Failure to File Partnership Return）	6698条
56　S法人申告書の提出義務違反（Failure to File S Corporation Return）	6699条
57　正確な情報申告書の提出義務違反（Failure to File Correct Information Returns）	6721条
58　正確な支払調書の提出義務違反（Failure to Furnish Correct Payee Statements）	6722条
59　一定の滞納の場合の旅券の発給拒否または失効（Revocation or Denial of Passport in Case of Certain Tax Delinquencies）	7345条
60　弁護士費用裁定額（Attorney Fee Awards）	7430条
61　適格長期介護契約または一定の生命保険契約のもとで受領した定期的支払（Periodic Payments Received Under Qualified Long-Term Care Insurance Contracts or Under Certain Life Insurance Contracts）	7702条のB第d項
62　適格小規模雇用主医療費払戻口座（Qualified Small Employer Health Reimbursement Arrangement）	9831条

以上のように，現行のアメリカ連邦所得税制では，生活者に傾斜する形で，インフレ税対策としてのタックスインデクセーション／物価スライド調整を広範にわたり実施している。

Ⅷ　諸州の所得税上の物価スライド税制の概要

　州の自治権の強いアメリカでは，連邦は，連邦憲法とぶつかる場合などを除き，州の税財政政策，タックスミックスに介入できない。州が所得税制を導入するか，導入するにしても，どのように税制をデザインするかは，原則として自由である。それぞれの州は，州民に魅力的な税制を提示し，競争するように求められる。一種の競争（疑似市場競争）原理が支配していることから，諸州の税制や執行組織はまちまちである。

　とりわけ，州の税財政政策に疑似市場競争原理が持ち込まれているアメリカでは，州議会が増税を嫌う州民感情に配慮して所得税制を導入していない州もある。また，導入していても，単一税率の州もあれば，累進税率を採用する州もある。加えて人的控除の仕組みも州により異なる。タックスインデクセーション／物価スライド税制を導入していても，当然，州により細目は異なる。諸州における個人所得税上の制度をアバウトに一覧にして見ると，次のとおりである。

【表7】アメリカ諸州の個人所得税インデクセーションの主な特徴　［導入17州］

| 州 | 調整方式 | 期間 | 調整項目 | | | 端数調整 |
			税率表	標準控除	人的控除	
アラバマ	調整なし	—				—
アラスカ	所得税なし					
アリゾナ	連鎖式CPI	年次	○	○	○	1ドル単位
アーカンソー	伝統的CPI	年次	○	×	×	100ドル単位
カリフォルニア	州独自CPI	年次	○	○	○	1ドル単位
コロラド	単一税率	年次	—	連邦準拠	×	—
コネチカット	—	—				—
デラウエア	—	—				—

フロリダ	所得税なし					
ジョージア	—	—	—	—	—	—
ハワイ	—	—	—	—	—	—
アイダホ	伝統的CPI	累積	○	連邦準拠	×	1ドル単位
イリノイ	単一税率	—	—	×	○	
インディアナ	単一税率	—	—	×	—	
アイオワ	GDP　Deflator	累積	○	○	×	0.1ドル単位
カンザス	—	—	—	—	—	—
ケンタッキー	単一税率	—	—	○	×	—
ルイジアナ	—	—	—	×	—	
メイン	連鎖式CPI	年次	○	連邦準拠	×	1ドル単位
メリーランド	—	—	—	○	—	
マサチューセッツ	単一税率	—	—	×	—	
ミシガン	単一税率	—	—	連邦準拠	○	—
ミネソタ	伝統的CPI	累積	○	連邦準拠	○	10ドル単位
ミシシッピ	—	—	—	—	—	—
ミズリー	伝統的CPI	累積	○	連邦準拠	○	1ドル単位
モンタナ	伝統的CPI	累積	○	○	○	100ドル単位
ネブラスカ	伝統的CPI	累積	○	○	○	10ドル単位
ネバダ	所得税なし					
ニューハンプシャー	単一税率	—	—	—	—	—
ニュージャージー	—	—	—	—	—	—
ノースカロライナ	単一税率	—	—	—	—	—
ノースダコタ	連鎖式CPI	年次	○	連邦準拠	○	50ドル単位
オハイオ	GDP　Deflator	年次	○	○	○	50ドル単位
オクラホマ	—	—	—	—	—	—
オレゴン	伝統的CPI	累積	○	○	○	50ドル単位
ペンシルバニア	単一税率	—	—	—	—	—
ロードアイランド	伝統的CPI	累積	○	○	○	50ドル単位
サウスカロライナ	連鎖式CPI	累積	○	連邦準拠	○	10ドル単位
サウスダコタ	所得税なし					
テネシー	単一税率	—	—	—	—	—
テキサス	所得税なし					

ユタ	単一税率	—	—	連邦準拠	×	—
バーモント	伝統的 CPI	累積	○	○	○	50 ドル単位
バージニア	—	—	—	—	—	—
ワシントン	所得税なし					
ウエストバージニア	—	—	—	×	—	—
ウイスコンシン	伝統的 CPI	累積	○	○	—	10 ドル単位
ワイオミング	所得税なし					
ワシントン D.C.	—	—	—	○	×	

【注記】○は調整あり。×は調整なし。—は明確ではなし。連鎖式 CPI＝C-CPI-U
【参考資料】Jared Walczak, "Inflation Adjusting State Tax Codes: A Primer," FISCAL FACT No. 673 (Oct. 2019, Tax Foundation); David R. Henderson, "Index Sate Tax Brackets Now," Hoover Institute Journal（May 19, 2022).

IX　わが国での物価調整減税論議

物価調整減税とは，消費者物価の上昇により，所得税などの負担は，実質所得が増えなくとも累進税率や課税最低限（各種人的控除）を通じて増加するが，所得税の自然増収のうち実質上の負担増は減税すべきであるという考え方，あるいはそうした考え方に基づいて行う減税を指す。1962 年の税制調査会答申は，「所得税の本来の負担は，実質所得に対する負担を中心に考えるべきである。」という考え方を示した。そのときは，自然増収の一定割合という方式をとった。しかし，その後は課税最低限引上げ方式と税率表改訂方式をとった。

X　物価上昇下の税制と租税法律主義

憲法上，納税義務の変更は法律の手続によることを求める。憲法 84 条は，「新たに租税を課し，又は現行の租税を変更するには，法律又は法律の定める条件によることを必要とする。」と定めているからである。すなわち，租税法律主義の形式的な要請として，いかなる増税や減税も国会の議決を経て行われることを原則としている。この原則は，イギリスなどでは「Tax legality principle」，一方，アメリカでは，「No Taxation without representation（代表なければ課税なし）」と呼ばれる。

　物価上昇により納税義務を増加し～現行の租税が変更され～当該納税者の実質所得が減少する場合，それが国会の議決を経ずに行われることになるとすると，租税法律主義の形式的な要請にふれることになる。

　加えて，憲法84条は，国会の議決によればいかなる課税もできるというわけではなく，実質的に納税者の憲法上の諸権利を保障する形で課税しなければならないという趣旨を含んでいる。物価上昇は，たんに生活保護世帯，低所得世帯や年金生活者など，所得の伸び率の低い人たち（社会的・経済的弱者）の実質所得低下の原因になるだけではない。こうした物価上昇を埋め合わせるのに十分な所得の伸びの期待できる者にとっても，実質的には納税義務が所得の伸び率以上に増加することから，実質所得が低下につながるのは明らかである。

　憲法25条1項は，「すべての国民は，健康で文化的な最低限度の生活を営む権利を有する。」と規定する。物価上昇による実質所得の減少および納税義務の増大は，納税者の生存権に対する大きな障害になる。このことから，物価上昇により国会の議決を経ないで行われる「隠れたインフレ増税（hidden inflation tax increases, tax creep）」は，租税法律主義の実質的要請にもぶつかることになる。

　さらに，憲法29条は，「財産権はこれを侵してはならない。」と規定し，国民の財産権の侵害に対して制約を課している。このことから，租税という「貨幣形態による公権力の行使」による納税者の財貨の収奪は，形式的には「法律又は法律の定める条件によることを必要」とし，実質的には納税者の生存権の保障およびその他憲法上の諸要請を充足する形で行われる場合に限り許されるわけである。

　加えて，憲法25条2項は，「国はすべての生活部面について，社会福祉，社会保障及び公衆衛生の向上及び増進に努めなければならない。」と規定している。このような憲法上の要請からして，インフレ増税を放置し納税者の実質所得を減少させ，かつ，生活水準の引下げにつながるような政策は，究極的には憲法99条の憲法遵守擁護義務に反する結果になりかねない。

　以上のように，租税法律主義の要請に基づくと，所得税制は，できる限り「物価」に対して中立的でなければならないことになる。すなわち，「物価中立所得税制」が求められる。

XI　物価スライド税制の必要性

　すでにふれたように，物価上昇による名目所得の上昇，さらには税負担の自然増加に対処する形で行われる減税は，大別すると，アドホック方式とタックスインデクセーション方式の2つがある。

　わが国はこれまで，減税はアドホック／裁量方式によってきた。この方式によると，物価調整減税とは，政府が裁量的または恩恵的に実施するものとなる。すなわち，例えば，物価上昇率が3％であるとする。この場合，政府は，同率またはそれ以下もしくはそれ以上の調整減税をするかどうかはまったく自由であるということになる。こうした考え方に立てば，国民・納税者は，政府が放置する意図的なインフレ増税に口をはさむことはできなくなる。

　もっとも，すでにふれたように，憲法論的には，物価中立的な所得税制の確立または物価上昇に見合うだけの調整減税を求めることは，租税法律主義のもとでの納税者の生存権に根差した当然の権利といえる。また，政府の実施する物価調整減税とは，物価上昇率以下である限り名目的な意味での減税に過ぎない。実質的には，減税というよりは納税者にとっては政府の失政に対する当然の補償措置と見ることができる。ましてや実質増税を相殺するだけ，または，それ以下の規模の所得減税は，真の意味での減税と見ることには大きな疑問符がつく。

　こうした納税者から大きな疑問符がつく物価調整減税のやり方を止めて，政府に年次の物価上昇分の所得減税を義務づける方式は，タックスインデクセーション方式と呼ばれる。タックスインデクセーション方式は，物価上昇率に比例する形での税負担の増加を防ぐべく，所得控除，税額控除および税率表など項目の自動的な調整につながるという意味で，自動物価調整税制，物価スライド税制とも呼ばれる。

　この自動物価調整税制／物価スライド税制の導入により，納税者は名目所得ではなく実質所得で納税額を算定できることになる。この意味では，納税者に責任のない物価上昇については政府が最終的に責任を負うと結果を導き出すことにつながる。

　現在，生活者は，悪い円安などで加速するインフレで苦しんでいる。政府，日銀は，生活者の悲鳴には真摯に応えず，ゼロ金利政策を継続している。目標とする２％超のインフレはすでに超えている。にもかかわらず，日銀はゼロ金利政策を改めようとしない。インフレになると，政府の税収が増えるのみならず，政府の借金（負債）も軽くなるからであろう。しかし，インフレが政府の負債軽減に使われているという意味では，インフレはある種の「税（tax）」と見ることができる。

　国庫が赤字財政下にあり税収が必要であるとしても，租税法律主義が支配する憲法構造のもとでは，政府は「隠れたインフレ増税」によるべきではない。納税者にその理由を明らかにし，国会の議決という「投票による増税」を行うように求められる。政府に「隠れたインフレ増税」をゆるさないため，そして「投票による増税」を促すためにも，タックスインデクセーション／物価スライド税制は理にかなう。

XII　わが国で「幻」に終わった物価スライド税制導入

　アメリカでは，当初，所得税制を導入する州で物価スライド税制導入が先行した。連邦は，1981 に税制改正で個人所得税制に物価スライド税制を導入し，1985 年に実施した。1900 年代後期に物価スライド税制を導入していたからこそ，今般のコロナパンデミック・ウクライナ戦争に伴うインフレ税対策でも即応できている。

　わが国でも，1981（昭和 56）年に，当時の日本社会党が，「所得税の物価調整制度に関する法律案」が議員立法（堀昌雄ほか８名）をし，衆議院に提出している。この法案は，年次の消費税物価上昇率が５％を超える場合，政府に対して国会に提出する税制改正案に，次年の給与所得控除ならびに配偶者控除および扶養控除のような所得控除額（人的控除）に当該物価上昇分を反映させることを義務づけるものである。

　なぜ５％の物価上昇率を目安としたのかは定かではない。高すぎて非現実的な数値のようにも見える。私見としては，腰だめの数値ではあるが，仮に制限を付すとしても 0.5％〜１％程度が妥当ではないか。

当時の政府税調は，その『中間答申』（1988（昭和63）年4月）で，タックスインデクセーション導入に消極的な姿勢を示している。その理由として次のことをあげる。❶所得税のみならず，他の税目に拡大するおそれがある。❷財政収支のギャップがさらに拡大するおそれがある。❸税制が持つ景気調整機能（ビルト・イン・スタビライザー）を阻害するおそれがある。

しかし，タックスインデクセーション／物価スライド税制は，カナダやアメリカ，イギリスなど多くの市場主義を貫く多くの諸国で導入されている。政府税調があげた制度導入に消極的な理由が，どれだけ説得力があるかには大きな疑問符がつく。

いずれにせよ，わが国は，憲法に租税法律主義をうたっている。インフレ税を放任することは，法律に基づかない増税をゆるすことにもつながる。憲法にぶつかると解される。

■**所得税の物価調整制度に関する法律案**（資料）

（目的）

第1条　この法律は，物価の上昇に伴う名目所得の増大に起因する所得税の負担の増加に対処するため，所得税について，物価の上昇に応じて所得控除の改正を行う制度を確立し，もって所得税の負担の適正化と公平化を図ることを目的とする。

（改正の措置）

第2条　総理府において作成するその年の前年における年平均の全国消費者物価指数（以下「物価指数」という。）が昭和55年（この条の規定による措置が講ぜられたときは，直近の当該措置が講ぜられた年の前年第4条第1項において「基準年」という。）の物価指数の100分の105を超えるに至った場合においては，その年以後の所得税につき，当該物価指数の上昇に応じ，所得控除の額等を改訂する措置を講ずるものとする。

（改定の対象）

第3条　前条に規定する所得控除の額等は，次の各号に掲げる金額とする。

一　所得税法（昭和40年法律第33号）第28条第3項に規定する所得控除額（以下「給与所得控除額」という。）に係る次に掲げる金額

イ　所得税法第28条第2項に規定する収入金額（ハにおいて「収入金額」という。）の区分の上限の金額として同条第3項第1号までに規定する金額及び当該金額に相当するそれぞれ同項第2号第1号までに規定する金額及び当該金額に相当するそれぞれ同項第2号から第5号までに規定する金額

ロ　給与所得控除額の最低額として所得税法第28条第3項第1号に規定する金額

ハ　収入金額の区分の上限の金額として所得税法第28条第3項第1号から第4号までに規定する金額に係る給与所得控除額に相当するそれぞれ同項第2号から第5号までに規定する金額

二　所得税法第79条第3項に規定する障害者控除額，同法第80条第2項に規定する老年者控除の額，同法第81条第2項に規定する寡婦（寡夫）控除額，同法第82条第2項に規定する勤労学生控除の額，同法第83条第3項に規定する配偶者控除の額，同法第84条第3項に規定する扶養控除の額（租税特別措置法（昭和32年法律第28号）第41条の第1項の規定により当該扶養控除の額に加算するものとされる額を含む。）及び所得税法第86条第2項に規定する基礎控除の額

三　所得税法第89条第1項の表に上欄に掲げる金額の区分の上限の金額及び当該上限の金額に相当する金額

（改定の方法）

第4条　第2条の規定による前条第1号イ及びロ，第2号並びに第3号に掲げる金額の改定はそれぞれ，当該金額のその年の前年における物価指数に対する割合（当該割合に小数点以下3位未満の端数があるときは，これを四捨五入する。）を乗ずることにより行うものとする。この場合において，その改訂後の当該金額に500円未満の端数があるときにはこれを切り捨て，500円以上1,000円未満の端数があるときはそれを1,000円に切り上げるものとする。

2　第2条の規定による改訂が行われる場合においては，その改訂後の第3条各号に掲げる金額を基礎として，所得税法別表第2，別表第4から別表第7まで，別表第7の付表及び別表第8につき，それぞれ，必要な改訂を行うものとする。

（政府の責務）

第5条　政府は，第2条に規定する場合においては，その年分以後の所得税につき，同条及び前条の規定による改訂（これに伴い必要と認められる改訂を含む。）を行うための所得税法及び租税特別措置法の改定に関する法律案を国会に提出しなければならない。

附則

この法律は公布の日から施行し，昭和57年分以後の所得税について適用する。

理由

物価の上昇に伴う名目所得の増大に起因する所得税の負担の増加に対処するため，所得税において，物価の上昇に応じた所得控除の額等の改定を行う制度を確立する必要がある。これが，この法律案を提出する理由である。

むすびにかえて～再チャレンジが要る

インフレが続き，これに，インフレ税がのしかかってくれば，どの世代でも家計は大きな打撃を受ける。仮に賃金や年金が僅かばかり上がったとしても，働いていても貧しい人たち（the working poor）の生活苦は解消されない。まさに物価スライド税制は，インフレの原因者でもない生活者の生存権を護るためには必須な仕組みである。

1981年に，当時の日本社会党が，生活者に傾斜する形でインフレ税対策にタックスインデクセーション／自動物価調整税制の導入を求めたのは，賢い政策の選択であった。今見てもフレッシュである。この政策は，本学会の創設者である故北野弘久先生や筆者が発案した。[14] 議員立法で衆議院に提出された「所得

税の物価調整制度に関する法律案」は，生活者への課税のあり方の流れを大きく変える提案であった。

　当時は，今以上に「課税庁が主役」「納税者は義務主体」のような時代であった。議員立法でのこうした納税者本位の制度導入は至難であった。しかし，以前とは異なり「納税者が主役」「納税者は権利主体」の流れは強まっている。税金の濫費をやめ，国民・納税者をもっと大事にする政治が求められる時代である。物価スライド税制については，まさに「トライ・イット・アゲイン（Try it again）」である。

　ただ，今日でも租税政策や租税立法は，財務省や総務省に握られている。彼らがまとめた政府立法が国会を闊歩する常態にある。流れを変えるには，もっと磨かれた内容の物価スライド税制を準備し，議員立法での再チャレンジが必要である。先人の英知に学び，アメリカなどでは常識のタックスインデクセーション／物価スライド税制を，わが国でも是非とも実現しないといけない。

＊なお，本報告では，アメリカ連邦や諸州の個人所得税上のインフレ調整／物価スライド項目についての個別の分析を行っていない。各項目の概要や法的調整手続について詳しくは，石村耕治「アメリカのタックスインデクセーション：アメリカでは常識の『物価スライド税制』～Why Tax Indexing Matters: Taxation to Fix Inflation in the US」月刊税務事例2022年12月号以降の各号に連載・紹介している。参照されたい。

注
　1)　具体的には，最終消費者を担税者とした単段階型の小売売上税（single-stage retail sales tax）や消費型の付加価値税／multi-stage consumption-type VAT/GST，個別消費税（excise）などをあげることができる。
　2)　VAT/GST のデザイン内でのインフレ税対策としては，軽減税率（reduced rates），非課税取引（exemptions），ゼロ税率（zero-rate）などの選択ができる。今般のインフレ税対策として多くの諸国では，生活必需品やサービスに対する暫定的な税率引下げを選択している。See, Ruediger Bachmann, A Temporary VAT Cut as Unconventional Fiscal Policy（National Bureau of Economic Research Working Paper 29442, Oct. 2021）.
　3)　事業性所得稼得者（business oriented income earners）とは，わが所得税法に即していえば，事業所得，不動産所得，山林所得，公的年金等以外の雑所得があてはまる。

4）「生活者」,「庶民」という言葉は，さまざま定義されている。しかし，ここでは常識に委ね，深く探求しない。

5）なお，本報告では，タックスインデクセーション導入に関する経済学上の論争についてはふれない。経済学上，インフレ税については，経済の自動安定調整機能（automatic macroeconomic stabilizer）に委ねられるべきであり，政府は介入すべきではないとする見解もある。See, *e.g.,* James L. Pierce & Jared J. Enzler, "The Implication for Economic Stability of Indexing the Individual Income Tax," in Henry J. Aaron ed., Inflation and the Income Tax 173-4 (1976, Brookings Institution). なお，邦文での研究としては，例えば，鶴田廣巳「キャピタルゲイン課税の論点」関西大学商学論集 40 巻 4・5 号（1995年），松本征夫「インデクセーションの類型と効果」政経論叢（広島大学）25 巻 5 号（1975年）参照。

6）See, Georg von Schanz, "Der Einkommensbegriff und die Einkommensteuergesetze," Finanzarchiv 13, at 1-87 (1896); Robert M. Haig, "The Concept of Income: Economic and Legal Aspects," The Federal Income Tax. (Columbia U.P. 1921) at 1-28; Henry C. Simons., Personal Income Taxation: the Definition of Income as a Problem of Fiscal Policy (U. of Chicago Press, 1938).

7）See, Milton Friedman, "Inflation, Taxation, Indexation," Monetarist Economics, at 113-128 (1991).

8）アメリカ連邦議会には，早くから，共和党議員からキャピタルゲインの物価調整法案が提出されてきている。See, Shimon B. Edelstein, "Indexing Capital Gains for Inflation: The Impacts of Recent Inflation Trends, Mutual Fund Financial Intermediation, and Information Technology," 65 Brook. L. Rev. 783 (1999).

9）See. John T. Plecnik, "Abolish the Inflation Tax on the Poor & Middle Class," 29 Quinnipiac L. Rev. 925 (2011).

10）See, CRS Report, Indexing Capital Gain Taxes for Inflation, R45229 (June 18, 2018).

11）See, Roger W. Dorsey and Kathryn Kisska-Schulze, "Indexing Capital Gains for Inflation: 'Phase Two' of Tax Reform," 128 J. of Taxation 33 (June, 2018).

12）See, Reed Shuldiner, "Indexing Tax Code," 48 Tax L. Rev. 537 (1993); Daniel Hemel, "Indexing, Unchanged," 83 Law & Contemp. Probs. 83 (2020)

13）https://www.irs.gov/pub/irs-drop/rp-21-45.pdf

14）北野弘久『税法学原論（第 6 版）』（青林書院，2007 年）174 頁以下，拙論「物価自動調整の導入と租税法律主義（上）（下）」税理 24 巻 1 号・3 号参照。

I　シンポジウム

人権と税制・税務行政

2022年 10 月 29・30日　第 34 回大会（於　立正大学／オンライン　ハイブリッド開催）

1　年齢要件と税制

木 村 幹 雄
（愛知大学経営学部准教授（当時）・税理士）

はじめに

　令和4年4月1日以後，成年年齢が，20歳から18歳に引き下げられた。所得税法には，年齢を基準とした各種の優遇策や適用制限が設けられている。「税制を法的視角，とりわけ憲法論・人権論の視角から検討する姿勢が乏しかった。このことが日本の税制における『立法事実』（legislative facts）を非科学的なものとしている。たとえば，所得税における給与所得控除額や人的諸控除額，さらには各種の租税特別措置の科学的根拠が不明確である[1]」とされる。よって，本稿では，統一テーマである人権問題に対して「年齢」という切り口から税制の研究を行い，特に所得税制のあり方を検討したい。

I　年齢と権利の制限

　基本的人権は，憲法に定められており，わが国において最も重要な権利のひとつである（憲法11条，同97条）。このような権利が，年齢によって制限される場合があり，まずは未成年者と高齢者が置かれている現状を概観する。

1　未成年者の権利制限

　未成年者の権利は，一定の制限を受ける。未成年者が単独で行う法律行為は制限され，親権者が法定代理人として行使することになる（民法5条1項）。満18歳以上を成年年齢とする改正（民法の一部を改正する法律，平成30年法律第59号）により，令和4年4月1日以後，18歳を成年年齢とし，これに伴い多くの法律が改正された[2]。通常，高校3年生で満18歳に達するため，様々な契約

に親権者の同意が不要となり，若年者の消費者被害を防ぐための措置[3]が講じられている。

喫煙や飲酒は健康面への影響などのため，競馬などの公営競技（いわゆる公営ギャンブル）は青少年がギャンブル依存症になる危険があるため，18歳への引下げは見送られた。

2 高齢者の権利制限

高齢者に対しては，年齢で一律に権利を制限するという制度ではない。高齢や疾病等による認知機能の衰えにより，高齢者自身の権利を守るため成年後見制度が設けられている。その程度に応じて「後見」「保佐」「補助」という制度があり，高齢者が安心して暮らせることを目指した制度である。これらの制度を活用することにより，悪質商法による契約の取消しが可能となり，被害を防ぎ権利が守られることが期待されている。

また，運転免許証については，本人の身体機能の低下などがある場合，「自主返納」が推奨されている。

Ⅱ　扶養控除と児童手当

所得税法84条には扶養控除の規定があり，居住者が控除対象扶養親族を有する場合には1人につき38万円（年齢等の要件により63万円又は48万円）を控除する。また，所得税法2条34号には，扶養親族とは，親族等で合計所得金額が48万円以下の者をいうとされ，同条34号の2には，そのうち控除対象扶養親族の定義が置かれ，居住者は16歳以上の者とされ，非居住者の適用対象範囲は，後述するように令和5年分から改正され，一定の要件が付け加えられた。

1 扶養控除の意義

扶養控除を含む人的控除は，「所得のうち本人およびその家族の最低限度の生活を維持するのに必要な部分は担税力をもたない，という理由に基づくものであって，憲法25条の生存権の保障の租税法における現われである[4]」，とされる。

　また，「被扶養者に関する人的控除は，家族扶養の負担による担税能力の低下を考慮して，税負担額を調整するという役割を持つ[5]」と考えられている。

　扶養親族がいることにより，納税者本人の担税力が減少すると考えられる。所得税制において，担税力に応じた公平な課税を考える場合，扶養控除だけでなく，基礎控除や配偶者控除・配偶者特別控除といった人的控除の役割，さらには課税単位の問題も考えなければならない。平成26年6月に「女性の働き方の選択に対して中立的な税制の検討にあたっての論点整理」，同年11月に「働き方の選択に対して中立的な税制の構築をはじめとする個人所得課税改革に関する論点整理（第一次レポート）」が報告された。その中では，配偶者控除のあり方が女性の働き方を阻害していないかが考えられ，「中立的な税制」あるいは「子育て支援の拡充」となるような税制の検討がなされた。平成30年分以降の配偶者控除・配偶者特別控除が改正され，配偶者の所得が48万円以下の場合であっても（例えば，ゼロであったとしても），納税者本人の所得が基準を超える場合には，これらの控除が適用されないよう改正された（平成29年度税制改正，平成29年法律第4号）。

　同様に，令和元年分までの基礎控除は，一律38万円であったが，令和2年分以降は，48万円に引き上げられた上で本人の合計所得金額により，逓減・消失型の所得控除方式となった（平成30年度税制改正，平成30年法律第7号）。

　また，一定の要件を満たす扶養親族がいる場合には，以下のような金額を控除することができる。

・年少扶養親族（16歳未満）　控除対象外
・一般の扶養親族（16歳以上19歳未満，23歳以上70歳未満）　38万円
・特定扶養親族（19歳以上23歳未満）　63万円
・老人扶養親族等（70歳以上）　48万円

　創設当初の所得税法には，扶養控除の規定はなかったが，大正9年改正（大正9年法律第11号）において，扶養控除の規定が定められ，18歳未満と60歳以上の者，不具廃疾者を対象範囲とした[6]。

　「税額控除方式による扶養控除は，昭和25年のシャウプ税制において扶養親

族1人につき1万2,000円の所得控除方式に改められるとともに，扶養親族の範囲が拡大され，年齢のいかんにかかわりなく，納税者と生計を一にする配偶者その他の親族で所得金額1万2,000円以下である者[7]」とされた。「年齢」に関係なく，所得金額だけで扶養控除の対象が判定されるようになったのである。

平成22年度税制改正（平成22年法律第6号）では，「控除から手当へ」の理念の下，子ども手当が創設されるとともに，年少扶養親族に係る扶養控除が廃止された。

2 子ども手当（児童手当）の所得制限

児童手当法（昭和46年法律第73号）により，昭和47年1月から義務教育終了前の児童を含む3人以上の児童を養育している者に，所得制限が設けられた上で現金が給付された。父又は母と生計を同じくしていない児童が育成される家庭の生活の安定と自立の促進に寄与することを目的とする児童扶養手当法（昭和36年法律第238号），精神又は身体に障害を有する児童について支給し福祉の増進を図ることを目的とする特別児童扶養手当法（昭和39年法律第134号）に続いて，広く一般の児童を対象とする制度が設けられたが，「低所得の多子世帯の支援[8]」であった。その後，順次拡充されていき，「"子ども手当"実施の前の時点で既に相当な給付の拡充が実施されていたのである。[9]」

2009年9月に誕生した民主党連立政権で，子ども手当が導入された。2010年4月，平成22年度（後に，「等」を追加して改題。）における子ども手当の支給に関する法律（平成22年法律第19号）により，所得制限がなく，中学校卒業[10]までの子どもを監護する者に，一律月額13,000円を支給した。「従来の児童手当制度は廃止せずに，これを子ども手当の一部として取り扱うこと，児童手当対象分についてはこれまでと同様に国・都道府県・市町村ならびに事業主が負担することとされた。[11]」また，財源確保のため年少扶養親族に対しては所得控除の対象から外された。

その後の政権交代により，自公連立政権では，児童手当へと名称が改められるとともに，所得制限が設けられて現在に至っている。[12]

「年少扶養親族」が所得控除の対象から外されて，10年以上が経過した。当

時は，所得制限のない子ども手当が一律13,000円支給されていたので，税額控除とほぼ同様の効果であった。

　所得控除と税額控除を比べて，所得控除方式は高所得者（高税率の者）に有利だといわれる。所得控除額に限界税率を乗じた金額が減少する税額であるため，高所得者の方が大きくなるからである。そもそも所得控除方式においては，年額38万円（63万円，48万円等）であり，その金額が妥当か否かは別として，前述したように「最低限度の生活を維持するのに必要な部分は担税力をもたない[13]」のであり，それを超過した部分に税を課しているのであるから，考え方が逆ではないかと思われる。

　現在の児童手当は，3歳未満15,000円，3歳以上小学生まで10,000円（第3子以降15,000円），中学生10,000円である。所得制限を超過する場合には，特例として，5,000円が支給される[14]。財源確保のために「年少扶養親族」を所得控除の対象から外したのであるが，扶養控除の上乗せとしての手当であるべきであり，年少者に対する扶養控除を復活させることが望ましいと考えられる。

3　成年扶養控除

　居住者が成年扶養親族（扶養親族のうち，年齢23歳以上70歳未満の者をいう。）を有する場合には，その居住者のその年分の総所得金額等からその成年扶養親族1人につき，38万円を控除する。前述したように，扶養控除の創設当初は年齢制限があり，子どもと高齢者のみが対象であったが，現在，成年扶養に制限はない。成年扶養親族に一定の制限を設ける案があったが，結果として改正法案が成立せず，実施されていない。

　以下，税制調査会の議論を振り返り，成年扶養親族の所得控除について考えていく。

　平成17年6月，税制調査会基礎問題小委員会は，「扶養控除のあり方として，年齢の如何に関わらず，単に対象者の所得が一定水準以下にとどまることを理由として一律の取扱いを行っていることについても考える必要がある。対象者に年齢制限を導入することを検討すべきである[15]。」（下線は筆者，以下同じ。）とした。

平成 19 年 11 月，税制調査会では，「現行制度は，年齢の如何に関わらず，所得要件を満たす扶養親族であれば一律の取扱いとしているが，このような取扱いについて，障害等の特別な人的事情がある場合を除けば，成年者を担税力の面で配慮が必要な存在として扶養控除の対象に一律に位置付ける必要性は乏しいと考えられる。」とした。[16)]

　平成 22 年 12 月 2 日，税制調査会専門家委員会は，「『税目ごとの論点の深掘り』に関する議論の中間報告」の中で，「成年を控除対象とする扶養控除（成年扶養控除）については，現在，扶養親族であれば一律に担税力の減殺を認めているが，諸外国においては被扶養者が障害者である場合等，限定的に控除を認めている場合が多いこと，そもそも成年者は基本的に独立して生計を立てるべき存在であることを踏まえ，現行制度を見直すことが考えられる。」とした。[17)]

　税制調査会による平成 23 年度税制改正大綱（平成 22 年 12 月 16 日）は，成年扶養控除の見直しとして，「現行制度では，23 歳から 69 歳までの成年を控除対象とする扶養控除（以下「成年扶養控除」といいます。）は，被扶養者が一定の年齢であれば一律に適用されています。しかしながら，本来，成年者は基本的に独立して生計を立てるべき存在であること等を踏まえれば，成年者を担税力の面で配慮が必要な存在として一律に扶養控除の対象に位置付ける必要性は乏しいと考えられます。このため，成年扶養控除の対象を見直すこととします。」とした。[18)]

　この大綱に基づき，改正法案が国会で審議されたが，平成 23 年 11 月，経済社会の構造の変化に対応した税制の構築を図るための所得税法等の一部を改正する法律案が修正の上，成立した（平成 23 年法律第 114 号）。

　給与所得控除の上限設定及び役員給与等に係る給与所得控除の縮減に係る規定，成年扶養控除の対象の見直しに係る規定，相続税の基礎控除の引下げ及び最高税率の引上げ等の税率構造の見直しに係る規定，地球温暖化対策のための課税の特例に係る規定等が削除された。このように改正法は成立せず，引き続き，成年扶養親族は所得控除の対象となっている。

　人はそれぞれ置かれた状況が異なる。諸般の事情から成人した子どもを扶養している例は多く見られる。その一例が，「ひきこもり」であり，大きな社会問

題となっている。

　厚生労働省障害保健福祉部精神・障害保健課「ひきこもりの評価・支援に関するガイドライン」（平成22年5月19日）によれば，ひきこもりとは，「様々な要因の結果として社会的参加（義務教育を含む就学，非常勤職を含む就労，家庭外での交遊など）を回避し，原則的には6ヵ月以上にわたって概ね家庭にとどまり続けている状態（他者と交わらない形での外出をしていてもよい）を指す現象概念である。なお，ひきこもりは原則として統合失調症の陽性あるいは陰性症状に基づくひきこもり状態とは一線を画した非精神病性の現象とするが，実際には確定診断がなされる前の統合失調症が含まれている可能性は低くないことに留意すべきである。[19]」としている。

　障害や精神的疾患は一様ではなく，その程度によっては，ひきこもりの要因となっていると推定されているのは，ガイドラインが示すとおりである。

　「ひきこもり推計146万人　15〜64歳，コロナ流行影響[20]」という記事の中で，内閣府は，15〜64歳のひきこもり状態の人を146万人と推計した。郵送やオンラインで調査したうち，15〜39歳が144人だったのに対し，40〜64歳が86人だった。

　これより少し前ではあるが，内閣府が行った調査では，40〜64歳のひきこもり状態にある人は推計約61万人（2019年発表の調査）であり，一方，15〜39歳では推計約54万人（2016年発表の調査）というように，ひきこもりは，もはや若者だけの問題ではなくなっている[21]。これは若年層に限らず，中高年層（いわゆる大人のひきこもり）にも，大きな社会問題となっている。

　成年扶養控除の対象年齢の場合には，障害など一定の要件の上で，扶養控除を認めるという主張があるが，ひきこもりと障害や疾病等との境界がはっきりしないのであり，社会として支援していく必要がある。しかしながら，当面の生活は家族が支えているのであり，扶養控除の適用は必要であり，この制度は継続していかなければならないと考えられる。

Ⅲ　国外居住親族の扶養控除と年齢要件

　日本国外に居住する親族を扶養控除の対象とする場合に，年齢制限が設けら

れた。30歳以上70歳未満の親族を扶養控除の対象とするためには一定の要件が必要であり，国内に居住する場合と異なる取扱いがなされている点について検討していく。

　従前の控除対象扶養親族の定義は，「扶養親族のうち，年齢16歳以上の者をいう。」（旧所法2条34号の2）というシンプルなものであった。令和2年度税制改正（令和2年法律第8号）により，令和5年分以後の控除対象扶養親族（所法2条34号の2）が以下のように改正された。

「控除対象扶養親族　扶養親族のうち，次に掲げる者の区分に応じそれぞれ次に定める者をいう。

　イ　居住者　年齢16歳以上の者

　ロ　非居住者　年齢16歳以上30歳未満の者及び年齢70歳以上の者並びに年齢30歳以上70歳未満の者であって次に掲げる者のいずれかに該当するもの

（1）留学により国内に住所及び居所を有しなくなった者

（2）障害者

（3）その居住者からその年において生活費又は教育費に充てるための支払を38万円以上受けている者」

　国内に居住している者は従前のとおりである。また，留学生や障害者には特別な要件はない。外国に居住する親族を扶養控除の対象とするためには，「年齢要件」が設けられることになり，生活費や教育費を38万円以上貰っている者が対象となる。手続きが煩雑になるということは問題だが，この要件自体は特別に問題があるわけではない。38万円以上の送金をしていることが，扶養控除の対象とする要件だということであるから，生計が別の親族を扶養するということであれば，当然，この要件を満たしているであろう。この多くは外国人であると想定される。日本人で留学以外の目的で海外に居住する者を扶養控除の対象にしようということはあまり考えられないからである。

　改正理由としては，「年齢が30歳から69歳までである非居住者は所得の稼得能力があると考えられることから，基本的には扶養控除の対象外としつつ，所得の稼得能力があると考えにくい学生や障害者は引き続き扶養控除の対象と

できることとし，さらに，年間で受け取った送金額が38万円以上である者についても，真に所得が低い可能性を否定しきれず，また，送金する納税者本人側における担税力減殺の可能性も否定できない[22]」ということである。

外国人だけを特別不利に取り扱うことがあってはならない。同居又は生計一と考えられる状態にあれば特に問題ないが，生計別の場合には，国内と国外の要件をそろえていく必要があると考える。もちろん，不正利用があってはならないが，国内に居住する外国人が自国の家族に送金して，扶養控除の対象とすることは自然なことである。

令和5年分から始まったこの制度を注視していかなければならない。

Ⅳ　老年者控除と公的年金等控除

1　老年者控除の廃止

現在，廃止された制度ではあるが，老年者控除（旧所法80条）について振り返る。平成16年分までは，65歳以上であり，合計所得金額が1,000万円以下の場合には，50万円を老年者控除として所得金額から控除することができた（平成17年分以後廃止）。

平成15年6月，税制調査会「少子・高齢社会における税制のあり方」では，「公的年金等控除は，昭和62年改正時に，それまで年金給付を給与とみなして給与所得控除が適用されていたことを改めるとともに，負担調整を図るという趣旨で創設されたものである。しかし，高齢者の担税力に対する配慮としては，老年者控除と趣旨・機能が重複している。また，65歳以上の高齢者に対して適用される措置については，低所得者・高所得者に関係なく適用され，『年齢だけで高齢者を別扱いする制度』となっている。さらに，高齢の就業者の増加とともに給与収入を得ながら年金を受給する者が増加しており，これに給与所得控除と公的年金等控除が各々適用され，課税ベースの脱漏が生じている。したがって，これらの問題点を是正し，真の担税力に応じた適切な課税を行っていく必要がある[23]。」とした。

税制調査会「平成16年度の税制改正に関する中間報告」（平成15年11月27日）では，「○公的年金等控除は，年金という特定の収入に適用される特別の控

除である。その控除額も大きく，特に 65 歳以上の高齢者を経済力にかかわらず一律に優遇する措置であり，世代間のみならず高齢者間においても不公平を引き起こしている。

○他方，老年者控除は，65 歳以上の大部分の者に適用され，実質的に年齢のみを基準に高齢者を優遇する措置となっている。

○これらの優遇措置の結果，65 歳以上の年金受給者の課税最低限は現役世代の給与所得者よりも極めて高い水準である。少子・高齢化が進展する中，現役世代の活力を維持し，世代間及び高齢者間の公平を図る必要がある。このため，低所得者に対する適切な配慮を行いつつ，これらの優遇措置の縮減を図り，高齢者に対しても担税力に応じた負担を求めていかねばならない。[24]」とした。

税制調査会「平成 16 年度の税制改正に関する答申」（平成 15 年 12 月）では，「年金制度における給付・負担の改革も踏まえ，低所得者に対する適切な配慮を行いつつ，公的年金等控除，老年者控除の縮減を図るべきである。[25]」とし，具体的には，「公的年金等控除は，年金という特定の収入に適用される特別の控除である。その控除額も大きく，特に 65 歳以上の高齢者を経済力にかかわらず一律に優遇する措置であり，世代間のみならず高齢者間においても不公平を引き起こしている。

他方，老年者控除は，65 歳以上の大部分の者に適用され，実質的に年齢のみを基準に高齢者を優遇する措置となっている。

これらの優遇措置の結果，65 歳以上の年金受給者の課税最低限は現役世代の給与所得者よりも極めて高い水準である。少子・高齢化が進展する中，現役世代の活力を維持し，世代間及び高齢者間の公平を図る必要がある。このため，低所得者に対する適切な配慮を行いつつ，これらの優遇措置の縮減を図り，高齢者に対しても担税力に応じた負担を求めていかねばならない。[26]」と理由が述べられている。

老年者控除と公的年金等控除とは二重の控除であり，世代間・高齢者間の税負担の公平を確保する観点から，平成 16 年度税制改正（平成 16 年法律第 14 号）により廃止された。

公的年金は，給与所得として課税されていたが，昭和 62 年度改正（昭和 62

年法律第 96 号）により，昭和 63 年分から雑所得に分類され，公的年金等控除が差し引いて計算された。

改正の理由として，金子宏教授は，「これらの年金は，その大多数が過去の勤務関係に基因するとの理由で，昭和 61 年までは給与所得として課税されてきた。しかし，第 1 に，これらの年金は本来の給与所得と異なり経費を必要としないから，それに概算経費控除としての給与所得控除を認めることは適当でないこと，第 2 に，これらの年金の受給者は通常は高齢者であるから，これらの年金に対する税負担は給与所得の場合よりも軽減する必要のあること，の 2 つの理由から，昭和 62 年の所得税法の改正で，それは，給与所得から切り離され，独立の所得類型とされたのである（控除額が給与所得の場合より大きくされた[27]）。」と述べている。

平成 30 年度税制改正（平成 30 年法律第 7 号）で，基礎控除が 10 万円引き上げられるとともに，給与所得控除と公的年金等控除がそれぞれ 10 万円引き下げられた。そのため給与所得と年金所得の双方を有する者に対する負担を増加させないようにするため，「所得金額調整控除」が創設された[28]。

給与所得控除と公的年金等控除は，支出を伴わない概算経費控除である。両方の控除を受けることにより，収入金額のうち課税されない部分が増加する。年金を貰いながら給与所得を得るという高齢者の働き方は今日では特別なことではない。給与所得控除と公的年金等控除の役割と必要性を再検討しなければならない。

筆者が所得税制において，所得制限の撤廃を主張するのは，超過累進課税制度の良い点を壊すからである。超過累進税率により税額計算を行うと，手取の逆転が起こらないという大きなメリットがある。各種所得控除に所得制限を設ければ，手取の逆転現象が起きてしまう。高所得者により高負担を求めるのであれば，税率構造（ブラケット）の見直しを行えば良いのである。一番の基本となるべき基礎控除に，逓減・消失方式を導入したのは，極めて問題と考えられる。

よって，公的年金等控除の縮小又は廃止を検討する場合には，所得制限のない「老年者控除」の復活を提案する。

2 年金の二重控除性

　渋谷雅弘助教授（当時）は，日本の年金課税を 「入口非課税，出口非課税[29)]」となっており，過度の優遇であるとしている。これは，本人拠出を，社会保険料控除として課税せず， 給付段階でも，公的年金等控除により非課税となる制度だと説明している。「公的年金については，拠出の控除を認めず，給付に課税をすることが適切であ[30)]」り，多様な選択肢の中で，「少なくとも社会保険料控除と公的年金等控除という現行制度の組み合わせは，極めて不適当である[31)]」としている。

　同様に，酒井克彦教授は，「公的年金の掛金がその支払時に社会保険料控除として所得から全額控除されているにもかかわらず，年金受給時に公的年金等控除として収入から控除されている点[32)]」が問題であると指摘し，「二重控除[33)]」と呼んでいる。酒井教授は，拠出時課税への移行を目指すべきとし，「社会保険料控除の廃止を含めた制度の検討を行うことが有用ではないか[34)]」として，高齢期に向けた資産形成を支援する税制の検討を提案している。

　二重の非課税や二重控除と考えられる年金税制であるが，強制的に徴収される社会保険料を所得控除としないというのは，国民の同意が得られないのではないだろうか。公的年金等控除を給与所得控除との関係，新しい老年者控除の創設との関係で検討することを提案する。

おわりに

　本稿では，「年齢要件と税制」との関係性を検討した。

　扶養控除は「年齢」により， 所得控除の対象となるか否かが異なり，また，控除される金額も異なる。子ども手当（現在の児童手当）が支給されたことにより，16 歳未満の年少扶養親族が扶養控除の対象外となった。中学校卒業までの子どもを扶養している者の所得が一定額を超えると，児童手当が支給されない（特例支給のみ）上に，扶養控除の対象にもならない。

　70 歳以上の扶養親族は，老人扶養親族（老人控除対象配偶者）として，控除金額が増額されている。要件を満たせば，「同居老親等」となり，さらに増額される。23 歳以上 70 歳未満の成年扶養親族に対する控除については，引き続き現

行制度を維持するべきだと思われる。本稿で検討したように，人はそれぞれ事情が異なる。国や社会全体で支援すべきこともあるが，当面の生活は家族が支えているのであるから，成年者であるからといって，扶養控除をなくすべきではない。

　令和2年度税制改正で，国外居住親族を扶養控除とする場合には，年齢により一定の制限が設けられた（令和5年分以後）。扶養控除に，年齢制限を設けないことと，外国人（非居住者の扶養親族）だけを特別に不利に扱うべきではないことを主張したい。

　老年者に対する税の優遇策を過去の事例を含めて検討した。公的年金等控除は縮小傾向にあるが，控除する根拠がないため，代わりに所得制限を設けない「老年者控除」を復活させ，公的年金等控除の縮小又は廃止を提案した。また，給与所得控除との二重の控除と調整を考える必要がある。

　最後に，2023年5月現在，所得制限のない児童手当を18歳まで拡充することと引き換えに，年少扶養親族の範囲が18歳まで拡大し，児童手当の財源とされようとしている。[35]　そもそも扶養控除は何のためにあるのか，児童手当は誰に何を目的として支給するべきものなのか，正しく考えられていないように思われる。児童手当は，扶養控除を行った上に支給されるべきであり，今回の改正が単なる数字合わせで終わらないことを祈るのみである。

注
1)　北野弘久著・黒川功補訂『税法学原論（第9版）』（勁草書房・2022年）156頁。
2)　飯田泰士『民法　成年年齢の20歳から18歳への引下げ』（五月書房新社・2019年），藤戸敬貴「民法の成年年齢引下げをめぐる議論」調査と情報979号（2017年）に詳しい。
3)　内閣府HP（消費者委員会「成年年齢引下げに伴う若年者の消費者被害防止に向けた対応策に関する意見」）https://www.cao.go.jp/consumer/iinkaikouhyou/2021/1217_iken1.html，消費者庁HP（「18歳から大人」特設ページ）https://www.caa.go.jp/policies/policy/consumer_education/consumer_education/lower_the_age_of_adulthood/（2023年6月4日最終閲覧）
4)　金子宏『租税法（第24版）』（弘文堂・2021年）210頁。
5)　藤田晴『所得税の基礎理論』（中央経済社・1992年）75頁。
6)　注解所得税法研究会編『注解所得税法（六訂版）』（大蔵財務協会・2019年）1221頁。
7)　注解所得税法研究会編・前掲注（6）1221-1222頁。

8) 佐藤雅代「児童手当制度の変遷に関する一考察」年報公共政策学（北海道大学公共政策大学院）16 号（2022 年）86 頁。

9) 佐藤・前掲注（8）87 頁。

10) 武川正吾「論壇 子ども手当の所得制限」週刊社会保障 No.2620（2011 年）48 頁。「再分配後の最終所得がどうなるかは，社会保障と税制との一体的な議論のなかで考えるべきである。」と述べている。

11) 佐藤・前掲注（8）87 頁。

12) 嵩さやか「児童手当の所得制限のあり方」週刊社会保障 No.3152（2022 年）28-29 頁。夫婦のうち高い方の年収のみを考慮する制度であるが，所得制限の仕組みにおいて世帯合算が採用されてこなかった理由について検討している。

13) 金子・前掲注（4）210 頁。

14) 内閣府 HP（児童手当制度のご案内）https://www8.cao.go.jp/shoushi/jidouteate/annai.html（2023 年 6 月 4 日最終閲覧）

15) 税制調査会基礎問題小委員会「個人所得課税に関する論点整理」（平成 17 年 6 月）9 頁。

16) 税制調査会「抜本的な税制改革に向けた基本的考え方」（平成 19 年 11 月）12 頁。

17) 税制調査会専門家委員会「『税目ごとの論点の深掘り』に関する議論の中間報告」（平成 22 年 12 月 2 日）5 頁。

18) 税制調査会「平成 23 年度税制改正大綱」（平成 22 年 12 月 16 日）13 頁。

19) 厚生労働省障害保健福祉部精神・障害保健課「ひきこもりの評価・支援に関するガイドライン」（平成 22 年 5 月 19 日）6 頁。

20) 日本経済新聞電子版（2023/ 3 /31 21:36）

21) 日本経済新聞電子版　NIKKEI STYLE（2020/11/12　3:00）

22) 内藤景一朗ほか『改正税法のすべて（令和 2 年版）』（大蔵財務協会・2020 年）108 頁。

23) 税制調査会「少子・高齢社会における税制のあり方」（平成 15 年 6 月）5 頁。

24) 税制調査会「平成 16 年度の税制改正に関する中間報告」（平成 15 年 11 月 27 日）7 頁。

25) 税制調査会「平成 16 年度の税制改正に関する答申」（平成 15 年 12 月）6 頁。

26) 税制調査会・前掲注（25）7 頁。

27) 金子・前掲注（4）307 頁。

28) 寺﨑寛之ほか『改正税法のすべて（平成 30 年版）』（大蔵財務協会・2018 年）136 頁。

29) 渋谷雅弘「公的年金の課税」日税研論集 37 号（年金税制）（1997 年）127-129 頁参照。

30) 渋谷・前掲注（29）140 頁。

31) 渋谷・前掲注（29）140 頁。

32) 酒井克彦「社会保険料控除と公的年金等特別控除との二重控除性―公的年金に対する課税の在り方」税務弘報 57 巻 10 号（2009 年）144-145 頁。

33) 酒井・前掲注（32）144-145 頁参照。

34) 酒井・前掲注（32）146 頁。

35) 日本経済新聞　2023 年 5 月 24 日朝刊 5 頁。「児童手当の支給を高校卒業まで延ばせば，子どもが高校生の間だけ現金給付と税負担軽減が併存することになる。財務省内には扶養控除をなくし，児童手当に一本化すべきだとする声がある。」

2 税務行政における手続保障と納税者の権利保護
——アメリカの現状を踏まえて——

山 本 直 毅

（大阪経済大学経営学部ビジネス法学科専任講師）

I はじめに

　租税法体系，特に，国家の手に確定・徴収の特権が留保される租税手続法では，国家と国民をめぐる租税法律関係を権力関係に基づき構成する。その由来は，租税歳入の確保が国家の運営・存立に必要不可欠であるとの公益性の要請を満たすことにある。効率的な課税の要請は，国家の歳入確保を第一義的な目的として，それを最大化しつつ確実かつ迅速に徴収するという租税制度の大前提の表れともいえる。

　効率的な課税の障壁を除去するための我が国における喫緊の課題は，租税法規の侵害規範たる性質[1]や侵害行政たる性質を十分に考慮した租税制度へ変革することである。特に，税務行政による事実（物理的）行為によって納税者の権利を適正に保護できない場合に，（司）法の手から零れ落ちる納税者の基本的人権・利益をいかに保障するか，という視点を常に国家が有し，それを第一義的目的として制度改革をするか否かが重要である[2]。

　納税者の権利保護を困難する原因は，租税制度における国民の権利意識が希薄となるような租税法体系を構築していることに起因する。憲法30条の納税の義務規定をもって，納税者には納税する義務しか存在せず，課税権に服することしかできないと考えるべきであろうか。憲法上保障された国民の基本的人権を度外視し，租税制度上の欠陥又は救済手続の不存在を理由として，権利侵害を受ける救済されるべき納税者が存在する場合に見過ごすことは公正であるといえるのであろうか。

　憲法前文に表れるように国家は国民の自律団体であり，国民自らが，その維

持及び活動に必要な費用を賦課するという考えに基づけば，民主的形成手続を経て租税法規が立法され，それにより成立した納税義務を国民が履行することとなるが，その福利は国民が享受する。租税法規の形成・執行過程では，民主主義及び自由主義の思想を基礎に確認的に規定される憲法84条が，納税者の権利保護を指向する。国民の基本的人権を保障し，課税権を縛るための租税法律主義は，当然の法原理（法の支配，法律の留保，法による行政の原理）であるにもかかわらず，殊更にかつ確認的に憲法で規定される。租税法律主義は，納税者の権利保護の法理そのものであり，それを確認的に規定するのは，課税権の行使によって租税が国民の自由と平等を侵害する危険を常に孕むという，歴史的経験に求められる。

　そうすると，租税法領域で憲法30条の納税の義務規定をもって，何ら国民に権利が存在しないとの考えは否定されるべきである。むしろ，憲法の基本的価値が国民の基本的人権の尊重（保障）にあることからすれば，憲法84条による国民の権利保障の存在を前提に，その裏側から国家による国民の権利保障・福利の享受のための対価を目的として，国民が自ら課した重大な義務として憲法30条は位置づけられなければならない。仮に，憲法によって，租税法律主義を確認するための規定がなくとも，納税者の権利及び自由が排除されていると解することはできない。なぜなら，基本的人権の尊重や法の支配は，近代立憲主義の憲法の前提又は基本思想であることからすれば，そもそも日本国憲法の基礎に存在し，憲法改正手続に拠ってもなお変えることのできない根本的価値であり，憲法の存在意義たる根本規範それ自体を否定することはできないからである。納税者の権利保障の否定は，憲法そのものを否定することに繋がるといえる。

　租税手続法における租税法律関係が，租税の公益性の観点から，権力関係的に構成せざるをえないのであれば，常に納税者は，税務行政の過酷な執行によって，その権利利益を侵害される危険性を抱える立場に立たざるをえない。

　租税法領域における納税者の権利保護の仕組みの必要性は，事前の観点からの納税者の権利侵害の危険性を排除するという意味でも，事後の観点からの安全装置としての保障条項（safeguards）という意味でも，法律によって確認され

なければならない。租税法規の侵害規範・侵害行政の観点から当然に保障されるべきである納税者の権利を保護する仕組みを構築することで，租税手続法を適正化し，租税法律関係の当事者の実質的に対等な関係を実現すべきである。

我が国では，適正・公平な税務行政の理念が前面に押し出されるのみで，納税者の権利を保障するという考えが，租税制度や国民の意識にさえ一向に根付いていない。

本稿は，平成23年国税通則法の改正とOECDの国際的指針を確認して，米国における納税者権利保障規定の法制化を簡潔に概観し，我が国の納税者の権利保護の仕組みを合理的に構築するための示唆を得ることを目的としたい。

II 納税環境の整備と国税通則法の課題

1 国税通則法の制度趣旨と課題

国民主権の顕現である適正な申告納税制度の定着のためには，第一に，租税法律主義の要請を満たした法規で租税法体系を構築し，第二に，税務行政の意識を含む執行制度の近代化並びに納税者の意識の向上及び協力を得られるための法整備等を行う必要がある。

特に，納税者の信頼及び協力を得なければ，租税制度の効率的な運営が確保できないことから，それらを獲得するための条件を整えることが肝要である。[8]納税環境の整備とは，納税者の代理人としての税理士制度や納税者の権利保護の制度的手当てに限らず，国民の納税意識の向上，税務職員の近代化，租税教育の充実までも含み，適正な租税制度の運営のための条件を整えること[9]をいう。租税制度の適正な運営を確実にする条件としては，適正な納税義務の履行だけでなく，適正な納税者の権利保障の整備も必要である。

周知のように，平成23年国税通則法改正によって，納税環境の法制度上の整備が前進している。

国税通則法は，昭和37 (1962) 年に法制化された。所得税をはじめとする租税実体法は，昭和22 (1947) 年に戦時立法の編成替えの一環として改正された。それらは，昭和25 (1950) 年のシャウプ勧告によって，大規模な改正を受け，その後も数次の改正を経て，租税法体系は，つぎはぎだらけのものであった。

当時の租税法体系が，租税法律主義の建前に照らして著しく不十分であったこ[10]とから，租税制度の全面的な整備改善を目的として，国税に関する基本法として国税通則法の制定が要請された。この当時の税務行政の執行では，つぎはぎだらけの租税法体系の解釈を通達により解決する運営を行っていた。

そこで，国税通則法は，租税法律主義の見地からの批判に耐えうる形で，租税法の簡易平明化，基本的な法律関係の明確化，税制の改善・合理化を図り，通達による税務行政から，法律に基づく税務行政へと変革をもたらすことで，公正な行政運営を確保し，租税法律主義に基礎を置く租税法における民主主義の要請を満たすことを目指した。[11]

しかし，制定された国税通則法の規定は，公平かつ確実な納税義務の適正な履行が中心となり，権利保障の明確化や公正な税務行政の運営を確保するための手続保障の規定が欠如していた。具体的には，税務調査手続関係は，税務職員が遵守すべき手続として，身分証書の提示はなく携行する程度に留まり，任意調査に対する事前通知や終了の通知規定は存在しなかった。更正の請求関係は，1年の期間制限が設けられ，1年の期間制限を超える場合には，嘆願書を提出し，税務職員の職権による救済という方式を用い，増額更正処分の期間制限は3年であった。処分理由の附記は，青色申告に限定された。その結果，租税法律主義の目的や国税通則法の制度趣旨とはかけ離れた手続保障の不備を有する租税手続法が存続することとなった。[12]

2　平成23年国税通則法改正と課題

国税通則法は，その制定当時，他の行政法領域で手続法を法制化していなかったことから相対的に進んでいると評価された。国税通則法の後退は，平成5（1993）年に，行政手続の一般法として行政手続法を法制化した時に加速した。

行政手続法1条は，行政手続の基本法を法定し，行政上の意思決定について，その内容及び過程が国民に明瞭になることで，行政活動の公正の確保と透明性の向上を図り，「国民の権利利益の保護に資することを目的とする」ことを明らかにした。[13]

しかし，納税者の権利利益の保護は租税手続法領域でも妥当するにも関わら[14]

ず，行政手続法の成立（行政手続法1条2項，同3条1項6号，同14号，同15号及び同16号）と同時に，平成5年国税通則法改正によって，特別法と位置づける国税通則法の適用除外規定を設けた（国税通則法74条の14）。

この適用除外の取扱いは，第一に，課税処分が金銭に関する処分であり，第二に，税務行政は極めて多岐にわたって反復・大量に行われる特殊な処分であることに加え，第三に，限られた人員で適正な執行と公平な課税を実現しなければならないことが勘案され，独自の手続保障体系を形成する領域に行政手続法を一律に適用することは妥当ではないとの理由[15]によるものであった。

適用除外規定により，行政手続法で保障する行政処分の理由提示（附記）（行政手続法8条，14条）の適用が排除され，従来の青色申告に伴う理由附記（所得税法155条2項，法人税法130条2項）が存続し，不利益処分に対する聴聞・弁明の機会（行政手続法13条）の付与及び行政指導における書面交付（行政手続法35条3項及び36条）の適用が否定された。

その後，租税手続法で適正手続の要請を重視すべきであるという機運の高まりを受け[16]，平成22（2010）年，政府（民主党政権）は，政府税制調査会の下に納税環境プロジェクトチームを設置した。同チームは，納税環境整備を目的とする論点整理報告書を提出した[17]。

この報告書では，納税環境の整備に向けて，①社会保障・税共通の番号制度，②租税教育，③税務調査手続，④更正の請求，⑤処分理由の附記，⑥納税者権利憲章策定の方向性，⑦国税不服審判所の改革の具体的な方向性が示された。同年に閣議決定された「平成23年度税制改正大綱[18]」では，同報告書を基礎にした内容が盛り込まれた。しかし，国会審議の過程で，題名の変更，目的規定の見直し（第1条）及び納税者権利憲章の規定（新第4条）の削除等の修正を経て，平成23（2011）年に成立した「経済社会の構造の変化に対応した税制の構築を図るための所得税法等の一部を改正する法律」（平成23年法律第114号）（以下，「平成23年度税制改正法」という。）で国税通則法が改正された。

同改正は，税務調査手続の透明性と納税者が事前にいかなる順序を踏んで実施されるかに関する予測可能性を高めることを目的として，③運用に委ねられていた税務調査手続の根拠規定を明確に法定化し，④更正の請求の期間延長に

より除斥期間との不均衡・嘆願書の慣行を是正し，そして，すべての処分に対する⑤処分理由の附記の実施及び記帳義務の拡大等の改正が実現した[19]。すなわち，第一に，③では i 質問検査権の整備（国税通則法74条の2から74条の6まで），ii 税務調査において提出された物件の留置き（国税通則法74条の7），iii 税務調査の事前通知（国税通則法74条の9，74条の10），iv 税務調査の終了の際の手続（国税通則法74条の11）が明確化された。第二に，④では i 更正の請求期間の延長（国税通則法23条）（増額更正と統一），ii 更正・決定等の期間制限の延長（国税通則法70条），iii 内容虚偽の更正の請求書の提出に対する処罰規定が創設（国税通則法127条）された。第三に，⑤では申請に対する処分及び不利益処分の理由の附記が適用除外規定から除外（国税通則法74条の14）された。

同改正では，納税者の権利保護のためには，事前通知や理由附記等が不可欠であることが確認された。改正の主眼であった納税者の権利憲章の策定及び目的規定の改正は削除されたが，納税者の権利を保障する仕組みづくりの契機（手続の適正化の必要性の再認識）となった点で意義を有する。

しかし，納税者権利憲章の策定等の課題が残されていたことから，与党の担当者は，平成23年度税制改正法附則106条の文言を「納税者の権利利益の保護」としていたところ，野党との調整の結果，「政府は，国税に関する納税者の利益の保護に資するとともに，税務行政の適正かつ円滑な運営を確保する観点から，納税環境の整備に向け，引き続き検討を行うものとする。」との文言に変更して，検討条項を追加した[20]。我が国では，国税通則法制定当初から存続する租税手続法の課題として，納税者の権利保護の法制化が必要であることが法律で確認されながらも，未だに積み残されている。

Ⅲ　効率的な税務行政と適正手続保障の強化の必要性

1 OECD 報告書における国際的指針

納税者の権利又は義務に関する諸外国の対応は，法制度，宣言又は行政文書の形式によるもの等様々である[21]。それらの共通の内容を参照することは，我が国の租税手続法整備の道筋を立てるにあたって有益である。上記プロジェクトチームは，2003年に公表されたOECD租税委員会「納税者の権利と義務―実

務覚書²²⁾」（以下，「2003 年報告書」という。）を踏まえて議論していた。

同報告書は，1988 年に OECD 租税委員会第 8 専門調査委員会が公表し，1990 年に OECD で承認した「納税者の権利及び義務— OECD 諸国における法制度の調査²³⁾」（以下，「1988 年報告書」という。）の要約を叩き台として現在の税務行政フォーラム（FTA）に報告して，加盟国に意見を求めたうえで更新し，最終的に OECD 租税委員会にて承認されている²⁴⁾。

これによれば，納税者権利憲章（Taxpayers' Charter）とは，「納税者の租税実務に関する権利及び義務を平易な言葉で要約し，かつ，説明して，そのような情報をはるかに広く利用可能にし，かつ理解可能なものにするための試みた結果²⁵⁾」であると定義している。

同報告書では，民主主義社会において，政府又は税務行政に対して，納税者は基本的権利及び基本的義務を有し，この権利と義務の均衡が保たれない限り，租税制度は，効果的かつ効率的に機能しないことを確認している²⁶⁾。民主主主義社会における各納税者は，納税者権利憲章を持たない国であっても，政府又は税務行政との関係で義務ばかりでなく基本的権利を有していることが繰り返し述べられ，強調されている²⁷⁾。

同報告書の前提にある「優良な税務行政の諸原則—実務覚書²⁸⁾」では，租税制度を効果的かつ効率的に機能させる目的で，税務行政の主な使命が租税法規の遵守を確保することにあると述べている²⁹⁾。そのうえで，この使命を達成する条件として，経済の状況，国家に対する国民の信頼，納税者の納税意識又は意欲の向上等を挙げられるが，税務行政は，絶え間なく変化する社会で，租税制度の運用方法や手続を見直し，常に最良の手法（best practice）を用いるべきであることを指摘する。

そこで，納税者による主体的な租税法規の遵守を促進するための最良の手法として，第一に，納税者の権利保護を目的とする制度的手当ての必要性を打ち出す。その理由が，公正かつ効率的に扱われる自己の権利を認識し，期待し，実際に享受する納税者は，より積極的に租税法規を遵守するからであることが示されている。第二に，明確かつ簡素の要請に適った使い勝手の良い（user-friendly）行政の仕組みと手続制度が存在すれば，税務行政の最良の手法は促進

され強化されることを指摘する。これらの制度的手当てに加え，納税者による
自発的な租税法規の遵守が達成できない場合に，第三に，税務行政は，法令遵守
に対する危険性を排除すべく，教育，サービス，マーケティング，危険性のプロ
ファイリング，質問検査，一般的租税回避の防止への取り組み，犯罪訴追手続，
法改正の提案，国際課税における課題に対処し，策定する必要性を強調する。

　優良な税務行政の諸原則の報告書では，特に，2003年報告書を引用しつつも，
税務行政の使命と改革において，納税者の権利のみを挙げて強調していること
が注目される。

2　1988年報告書と納税者権利保護の法制化の必要性

　2003年報告書の叩き台となり，1990年にOECDに承認された1988年報告
書[30]の骨子を見ていきたい。本報告書は，租税負担の大幅な増加に伴い，税務行
政を取り巻く納税環境には2つの変化があることを確認する[31]。第一に，納税者
の租税法規に対する法令遵守の負担と税務行政の負担が増加し変化しているこ
とである。この変化に対して，特に，複雑化する所得課税制度の簡素化は有益
であり，また，コンピューターによる最先端の科学技術による精巧な方法は，
申告，調査・徴収手続の効率性を高めたが，一方で，租税法規を遵守しない道
も切り開かれたことを指摘する。第二に，納税者と税務行政の関係の変化であ
る。納税者に提供するサービスの改善を試みる変化は，現在の租税制度の効率
的な執行が，納税者からの強い協力を必要としているからであり，また納税者
に対する税務行政の役割に変化が生じたことを指摘する。

　租税負担の増大によって，納税者と税務行政による法適合性の原則の堅持は
重要である。それでは，簡素かつ効率的課税の求められる租税法で，なぜ納税
者の権利を保護する必要があるのであろうか。その答えが，下記の内容に表れ
ている。

　第8専門調査委員会は，納税者の協力は，納税者と税務行政の間に相互の信
頼が存在するか，納税者の権利が明確に制度化され保護されるならば，やがて
実現すると思われる[32]と述べたうえで，法令遵守と課税権者の執行権及び納税者
の権利の2つについて報告している。

特に，広範な課税権の行使の本質と納税者の権利，効率的課税と納税者の高度な協力，公正な租税制度と納税者の権利に関する記述が注目される。すなわち，「税務行政は，課税ベースを確定し，納税者及び第三者によって提供された情報が正確な事実であることを確かめ，履行されるべき租税を徴収するために強大な権力が付与される。脱税や租税回避を最小限に食い止めるための権力の行使と，各個人の納税者の権利の尊重の必要性とともに，すべての納税者が公正に取り扱われることを保障することとの間には，潜在的な対立が存在する。例えば，プライバシー，秘密を保護する，情報を入手する，そして税務行政の決定に対して不服を申し立てるための権利は，民主主義社会における基本的権利（fundamental rights）である。複雑な租税制度が効率的に運用される場合には，高度の納税者の協力が必要である。納税者が租税制度を公正なものであると理解し，納税者の基本的権利が明確に確立し，尊重されている場合には，納税者の協力は当然に得やすいだろう。実際に，すべてのOECD加盟国の政府は，納税者の権利が尊重されることを保障するために大きな注意を払っている。

たとえ，近年これらの対策が，しばしば高度に政治的な側面を有し，これまで以上に明確に表現されているとしても，OECD加盟国の政府は，課税権者（tax authorities）による誤った権力統制から納税者を保護するための手段の重要性を常に認識してきている。このことは，課税水準が増大し，租税法規が益々複雑化し，新しい科学技術によって異なる出所から新たに整合する情報を交換する新手法を開拓し，各国の課税権者との間で国際的協力が改善している時に，納税者は，納税者の権利を保護するためのより明確で包括的な法規が必要であるとの理解の結果によるものである。」と述べたうえで，伝統的に課税権者が広範な権力を持つ国では，納税者の権利に関する公の場での議論がほとんどないことを指摘する。

そして，フランス人権宣言第13条の応能負担原則及び第14条の民主主義の基本原理である議会議決の権利が承認されていることを確認し，諸外国で納税の義務が広く受け入れられ，義務を統制し強制するための課税権限とその行使の方法に疑問を呈している。そのうえで，国際人権規約を引用し，納税者の権利は，ほとんどの国が賛同する国際的義務及び人権の幅広い脈絡の中で捉えな

ければならないと述べて，すべての納税者は，あらゆる社会の分野で納税義務を果たすよう課税権者がその能力を出し尽くして保障することを期待する権利を含め，以下に述べる種々の確かな権利を有していることを明らかにした。すなわち，①知らされ，支援され，聴聞を受ける権利，②不服申立てをする権利，③適正な税額を超えるものを支払わない権利，④確実性の権利，⑤プライバシーの権利，⑥機密及び秘密保持の権利，⑦課税権者が租税の賦課に関する法と事実の公平な決定を提供することを当然のこととする権利，⑧同様の状況にある納税者は同様の方法で取り扱われ，同様の所得源泉を持つ納税者は同様の法の管轄の手続を受ける信頼が保障されることである。納税者の権利保障は税務行政への協力と直結し，義務を必然的に伴う[37]ことを確認している。

Ⅳ 米国における税務行政と納税者の権利

1 米国における納税者権利章典

戦後，我が国の租税制度に最も影響を及ぼした米国租税制度では，1988年から1998年までの間に，内国歳入法典の追加的な税制改正法を施行した[38]。米国連邦議会による納税者権利章典の制定の目的は，租税の確定・徴収過程における税務行政による内国歳入法の執行の不公正を是正し，公平性（適正性及び公正性）(fairness) を確保することにある。立法された各法規は，税務行政の不法な確定・徴収行為に対する納税者の権利及び救済手段を事前に定めて通知し，事後にも納税者の権利を保障することを目的とする。

米国では，税務調査及び罰則の強化又は概括的な租税回避規定の創設等で納税義務の履行を強調し，自発的納税強制を用いて租税の徴収を図る古典的方法から脱し，納税者からの自発的納税協力を得るために，職員の服務規定の改善やクライアントサービスの質的管理基準の強化を含めた納税者サービスを徹底し，大胆な手続的権利の保障の仕組みを法制化する現代的手法を採用している[39]。

第1次納税者権利章典の目的は，税務行政が権利濫用に近い納税者の人権を配慮しない活動を行っていたことに対処することにあった。税務行政内部に独立した納税者権利擁護官（Taxpayer Advocate）を創設し，租税確定・徴収手続，執行時の米国の損害賠償責任，そして連邦租税裁判所の管轄等の改革に至るま

で多岐にわたる改正を実施した。質問検査手続では，質問検査は合理的な時間及び場所で実施しなければならず，内国歳入庁は，事前に質問検査手続の手順と納税者の権利の両者（確定・徴収手続における録音権）を説明しなければならない。[40]

第2次納税者権利章典の目的は，さらに手続の透明性・適正性を推進し実現することにあった。納税者権利擁護官の強化，全国納税者擁護官による納税者の積極的な救済，納税者と内国歳入庁との間の諸問題に関する年次報告書の提出と解決策の提案などを法定化した。

第3次納税者権利章典により税務行政の組織及び運営を改編したが，その目的は，より公正な手続で効率的な税務行政を作り上げ，国民に奉仕し国民からの必要性に応えることにあった。納税者救済命令の解釈基準，租税徴収不服審査手続，主席法律顧問官による事前承認要件の追加等がなされた。それとともに，1998年税制改正法では，税務行政職員の人事順応性に係る規定を設け，特定の不正行為に対する解雇，カスタマーサービスの研修，人事評価，新たな執行管理体制の創設を内国歳入庁に義務づけた。[41]

その1203条では，「不正行為による雇用の終了」規定を設け，納税者権利保障の徹底のために，税務行政職員の行為を直接縛る定めを置いたことが注目される。[42] 同条は，税務職員の公務の実施で，職員に義務づけた特定の作為又は不作為が行政又は司法で最終的に確定した場合，内国歳入庁長官は，職員を解雇しなければならないことを義務づけている。その有責行為は，職員の10の犯罪行為（10 guilty acts）と呼称され，①納税者の自宅，個人の所有物及び事業用資産の差押えを承認する書面で不可欠の署名の獲得を故意に怠る場合，納税者並びにその代理人に係る具体的問題に対して，②その宣誓で誤った声明をする場合，又は③職員の誰かが犯した誤りを秘匿する目的で文書を偽造あるいは破棄する場合，納税者，その代理人並びに他の職員に関して，④米国憲法上の権利あるいは制定法上確立するすべての市民権に違反する場合，又は⑤その者への暴行あるいは不法行為で，その刑事裁判の有罪決定あるいは民事裁判で確定判決がある場合，又は⑥その者に対する応酬，嫌がらせをする目的で，内国歳入法典，財務省規則，指針を含む内国歳入庁の政策に違反する場合，⑦議会

の審問で情報を秘匿する目的で内国歳入法典 6103 条の定めを故意に濫用する場合，⑧合理的理由があり，かつ故意に怠る場合を除き，内国歳入法典で要求される納税申告書の期日（延長を含む）までの提出を故意に不履行にする場合，⑨連邦租税債務の過少表示に合理的理由がありかつ故意に怠る場合を除き，故意に連邦租税債務を過少にする場合，⑩私的な利得又は利益を獲得する目的で納税者に脅迫的調査をする場合である。

　税務行政職員の納税者等に対する不法な事実上の物理的行為及び合法性の原則に違反する行為を労働契約上の解雇事由として列挙し，納税者等の権利保護を実質的に担保する仕組みを用意していることが確認できる。

2　税務行政の基本原則と納税者の権利

　納税者権利章典は，租税制度の運用に適切に組み込まれなければ，有名無実なものとなる。2012 年に，納税者権利擁護官局が，内国歳入庁に対する納税者の権利の存在を納税者が十分に認識しているか否かについて調査をしたところ，十分に認識しているという回答をした納税者は 11％に過ぎなかった[44]。

　そこで，全国納税者権利擁護官は，納税者権利章典の形骸化を防止し，納税者の権利意識の向上及び簡単に権利行使できるようにすべきことを求めた。これを受けて，内国歳入庁は，2014 年に数次の納税者権利章典をすべての政策，実務，手続の指針とする基本原則として採用した。それを受容した時に，内国歳入庁は，納税者の権利のうち中核的な権利を示した「納税者としてのあなたの権利[45]」を改訂し発行した。納税者権利章典によって，内国歳入法典が公正かつ正当な租税制度を保障し，内国歳入庁による潜在的な課税権の濫用からすべての納税者の権利保障を目的とする各法規を整備したが，議会は，内国歳入庁の活動の基本原則として公認し，法に組み込む目的で，「納税者の権利を遵守する職務の執行（Execution of Duties in Accord with Taxpayer Rights）」規定[46]を確認的に立法し，納税者の権利を内国歳入法典の中で明確化した。

　同規定は，内国歳入庁長官は，税務行政の課税権の行使にあたり，内国歳入庁の職員に，法律上容認される納税者の権利によく精通し，かつそれを保護する活動を保障すべきことを義務づけている。

　立法者が確認する納税者権利章典の納税者の権利は，内国歳入法典，財務省規則，判例といった多様な形式で個別具体的に散在している。下記図表はその一部であるが，これらの権利を集積し確認的に規定された中核的権利が，内国歳入法典 7803 条（a）項（3）号である[47]。

納税者の中核的権利	権利の源泉となる根拠法規	その内容
ⅰ　知らされる権利（the right to be informed）	内国歳入法典 7521 条（b）項 1 号	調査手続の説明及び調査手続における権利を内国歳入庁に要求する（事前通知（調査理由と納税者の権利の告知），調査及び徴収手続の録音権，複写権，代理人への相談権，納税者の代理をする代理権（弁護士・公認会計士・登録代理人））。
	内国歳入法典 7522 条	納税者の租税債務の金額が正式に告知（通知）され，租税債務の適法性の説明を内国歳入庁に要求する。
ⅱ　高い質のサービスを受ける権利（the right to quality IRS）	内国歳入法典 6212 条（a）項	あらゆる不足税額通知規定で納税者権利擁護官サービスの連絡先情報（案内窓口）の提供を内国歳入庁に要求する（不足税額の通知）。
	内国歳入法典 6304 条	公正な徴収行為に適合すべきことを内国歳入庁に要求する（納税者との意思疎通の制限）。
	1998 年税制改正法 3705 条（a）項	内国歳入庁の職員に識別情報の提供を要求する。
ⅲ　適正な税額を超えて支払わない権利（the right to pay no more than the correct of tax）	Superior Oil Co. v. Mississippi（280 U.S. 390, 395-396（1930））事件判決	納税者の課税から逃れるという唯一の目的が存在するという事実は，法を回避する意思であって重要でない。その法の境界線の真の意味は，それを通過しない場合には意図的にそれに可能な限り近づいても良いということだからである。
	Helvering v. Gregory（69 F.2d 809, 810（1934））事件判決（Gregory v. Helvering（293 U.S. 465, 469（1935）））	誰でも自己の租税負担を可能な限り軽くなるように調整することができる。納税者は財務省にとって最良の金額となる方法で支払うことを選択する義務はない。自らの租税負担を増加させるという愛国的義務さえ存在しない（法の認める方法を用いて租税負担の軽減を図るという法的権利が納税者に存在することには疑いの余地はない。）。
ⅳ　内国歳入庁の立場（見解）に対して異議を申し立て聞いてもらう権利	内国歳入法典 6212 条	内国歳入庁から不足税額の通知を受領し，納税者が租税裁判所へ請願することが認められる（不足税額の通知）。

(the right to challenge the position of the Internal Revenue Service and be heard)	内国歳入法典 6320 条	内国歳入庁が連邦租税リーエンの通知を登記する時に，納税者が聴聞を要求することができる（連邦租税リーエンの事前通知）。
	内国歳入庁 6330 条	内国歳入庁が差押通知を送達するとき，納税者は聴聞を要求する（適正手続条項）。
v　独立した（公開）紛争解決の場において内国歳入庁の決定に不服申し立てをする権利（the right to appeal a decision of the Internal Revenue Service in an independent forum）	IRS 再生改革法 1001 条（a）項（4）号	独立した不服審査部を確実に保障することを内国歳入庁に要求する（内国歳入庁の再編の義務づけ）。
	手続通達 2012-18	内国歳入庁の調査官と不服審査部の間の一方的な意思疎通を禁止する。
vi　最終決定を受ける権利（the right to finality）	内国歳入法典 6501 条	内国歳入庁の租税の査定期間を 3 年間に制限する（査定（確定権の制限））。
	内国歳入法典 7481 条	もし不服がない場合には，租税裁判所が最終決定を行う。
	内国歳入法典 7605 条（b）項	原則として内国歳入庁による調査の機会は，課税期間の間に 1 度だけに制限される。
vii　プライバシーの権利（the right to privacy）	財務省規則 301.6330-1 条（e）項	内国歳入庁が納税者の財産を連邦租税リーエンに登記する時，内国歳入庁の徴収活動で押し入れられることを考慮すべきことを不服審査官に要求する。
	内国歳入法典 7602 条（e）項	申告所得について合理的な不適法の兆候がない限り，内国歳入庁が調査中に，生活様式に介入する情報を要求することを禁止する。
viii　秘密を保護される権利（the right to confidentiality）	内国歳入法典 6103 条	同意なしに内国歳入庁の職員は第三者に租税に関する情報を開示することを禁止する。
	内国歳入法典 7525 条	税の専門家（実務家ないしは弁護士）に特権（privilege）の提供を要求する。
	連邦民事訴訟規則 26 条（b）項（3）号（A）	訴訟を見越して準備された書面を政府の情報開示から保護する。
	内国歳入法典 7602 条（c）項	原則として調査期間中に獲得した情報について内国歳入庁は納税者に事前通知をすることなしに，第三者に接触することを禁止する。
ix　代理人を依頼する権利（the right to retain representation）	内国歳入法典 7430 条	特定の事例における代理人費用の賠償の提供を要求する。
	内国歳入法典 7521 条（b）項（2）号	納税者が依頼する代理人がいるときに調査するよう内国歳入庁に延期を要求する。

	内国歳入法典 7526 条	不利な立場にいる納税者を代表する低所得者クリニックの提供を要求する。
x　公正かつ正当な租税制度が与えられる権利 (the right to a fair and just tax system)	内国歳入法典 6159 条	完納するための分割払いによる租税債務の支払の合意・財産の差押えを防止可能な納税者の利用可能な代替案の提示を要求する。
	内国歳入法典 7803 条（c）項	納税者権利擁護サービスからの援助を求めるための手続の提供を要求する。

（Cf. ALLEN D. MADISON, FUNDAMENTALS OF FEDERAL TAX PROCEDURE AND ENFORCEMENT 407-409（2019））

　Facebook, Inc. & Subsidiaries v. IRS 事件判決[48]では，内国歳入法典 7803 条を法的根拠として訴訟が提起されている。本事案は，納税者が，内国歳入庁が提起した連邦租税裁判所での訴訟について，代替的紛争解決のために，独立した内国歳入庁不服審査部へ付託すべきことを命令するように裁判所に求めたものである。納税者は，内国歳入法典 7803 条（a）項（3）号が，独立した紛争解決の場で内国歳入庁の決定に不服申し立てをする権利を保障するから，納税者には連邦租税裁判所での訴訟の代わりに内国歳入庁不服審査部を利用する強制力のある権利があると主張した。

　裁判所は，同条は新たな権利を創設したものではなく，内国歳入法典に散在する根拠規定によって容認される納税者の権利を確認した規定であって，納税者は，同条を根拠に主張するのみで，主張を正当化する強制力のある判例法・法的根拠及び法的に保護された利益の侵害を主張立証していない[49]と判示した。そして，本件訴訟を内国歳入庁不服審査部に付託しないという内国歳入庁の決定は，権利・義務の確定や変更，法的効果が生じない[50]から，行政手続法の下で裁判所が審査可能な内国歳入庁の最終的な決定に該当しないと判断し，請求を棄却した。

　裁判所は納税者権利章典及び同条の納税者の権利は，内国歳入法典でかねてから容認される各法規によって付与される納税者の権利であって，新たに納税者の権利を創設するものではないと解釈した。裁判所は，同条は一般的な納税者の権利を確認するが，その権利の源泉は，各法規にあり，それを摘示し，それに基づいて主張立証しなければならないことを判示している。米国では，実効性を持った納税者の権利救済根拠規定又は裁判規範として同条が利用されて

いない。

今後は，いかにして納税者が膨大かつ複雑な内国歳入法典の中から自己の権利の根拠規定を簡単に発見し行使できるようにするのか，それとも，納税者が簡単に利用できる納税者の権利の救済規定（裁判規範）を新たに内国歳入法典に創設するか，同条を根拠にいかにして積極的に権利行使可能にしていくのかが課題である。

V　おわりに

納税者の権利保障は，公正な租税制度の本質的要素である。税務行政の公正な活動の実現には，法の内容・手続の公正性の追求は当然のものである。租税法は，正義に奉仕し[51]，正義の構成要素には，公正性が内在していることから，公正な適正手続の追求及び権利保障がされることによってはじめて，租税法律主義の要請に適うものともいえる。

我が国での平成 23 年国税通則法改正は，納税環境の整備に寄与するという意味では評価できるが，税務行政の公正性・透明性を確保するという世界的趨勢への対応[52]，そして，納税者の権利保護を可能にするものであるかという点では，不十分である。

特に，1988 年報告書で，OECD が，諸外国の状況を分類して，納税者の権利を強化する国もあれば，ある国では課税権が強化され，その他の国々では課税権が十分に行使されていないと述べたうえで，税務行政が伝統的に幅広い課税権を有する国では，納税者の権利が議論されていないと指摘するが[53]，まさに我が国はこの指摘に当てはまり，多くの諸外国が共通認識する納税者の権利に対する意識が希薄であると思えてならない。

納税者権利憲章を立法する諸外国と比較すると，今後，我が国は，いかにして遅れを取る納税者の権利保護の仕組みを法制化し，国際的な水準まで高めていくかという問題が残されている。まずは，憲法の根本規範にある国民の権利保障という出発点に回帰し，公正な租税制度の土壌が作られなければならない。

人口減少時代を迎えた我が国で，租税の公益性の要請，効率的な税務行政を実現するためには，納税者の協力と税務行政に対する信頼は必要不可欠である。

申告水準の向上，課税要件事実の適正な把握などの納税者の協力を得るための前提条件としては，第一に，公正かつ適正な租税制度の構築，特に租税手続法において納税者の権利保護に関する制度的手当てが必要であり，第二に，国家，国民，そして税務職員に対する適正な権利・義務に関する意識を向上させる教育がされなければならない。

第一の点は，包括的基本権である憲法 13 条及び憲法 31 条及び憲法 84 条を[54]根拠として，納税者が行使可能な権利保障規定を整備すべきである。納税者権利憲章や基本法，国税通則法への挿入，税務行政の活動を縛る法規の創設など多様な手法が存在するが，基本法たる国税通則法については，平成 23 年改正時に排除された内容と同様に，第 1 条の目的規定の改正とともに，手続保障体系としての側面を形成する必要があるだろう。米国の裁判例が参考となるように，納税者の権利保障規定は，裁判規範として機能する形式が望まれる。また，租税法体系における各法規との関係を明らかにし，納税義務の強調によって権利保障規定の縮小又は死文化が生じないよう既存の各法規を納税者の権利の根拠規定とするか否かも含めて，法規の在り方を見直す必要もある。

第二の点は，我が国の納税者も，諸外国で整備される納税者権利憲章等の内容と等しい権利を有することが正しく認識されなければならない。民主主義社[55]会において，納税者の権利が当然に認められることを正しく認識するとともに，公益性の充足，効率的かつ公正な税務行政の活動の必要性との関連で，納税者の協力義務の存在も正しく確認する必要がある。[56]

税務行政の活動が公正かつ効率的であることが明らかにされることで，国民の協力と信頼を得ることができる。そのためには，国家と納税者の権利・義務[57]の均衡を保ち，公正かつ効率的な税務行政の活動の実現を目的として，適正手続の保障を加重したり，納税者の権利保障規定又は安全装置を導入するなどの法整備が実施されなければならない。

＊本稿は，JSPS 科研費 JP21K13192 の助成を受けた研究成果の一部である。

注

1) 増田英敏『租税憲法学第 3 版』Ｉ頁（成文堂，2006）。

2) 法律上の争訟になじみづらい事実行為に対する納税者の権利保障の重要性については，石村耕治教授より直接ご指導いただいた。この点について，石村耕治「アメリカの連邦納税者権利擁護官サービス（TAS）〜わが国での納税者権利憲章つくりの展望」TC フォーラム研究報告 2020 年 3 号 6 頁（2020）を参照。

3) 山田二郎「租税法における法の支配」租税訴訟 1 号 2 頁（2007），芦部信喜（高橋和之補訂）『憲法第七版』13 頁以下（岩波書店，2019），谷口勢津夫「租税法律主義と司法的救済保障原則」税法 586 号 378 頁（2021）。

4) 増田英敏『紛争予防税法学』31 頁（TKC 出版，2015）。

5) 三木義一「『納税の義務』の再検討」同編『現代税法と人権』16 頁以下（勁草書房，1992）を参照。

6) 野中俊彦ほか『憲法Ｉ（第 5 版）』25 頁（有斐閣，2012）。

7) 増田英敏教授よりご指導いただいた。その際の課題の私見である。

8) 水野忠恒『大系租税法（第 4 版）』69 頁（中央経済社，2023）。

9) 金子宏『租税法〔第 24 版〕』942 頁以下（弘文堂，2021）。

10) 志場喜徳郎ほか共編『平成 31 年改訂 国税通則法精解』7 頁以下（大蔵財務協会，2019）。

11) 志場ほか共編・同上書 19 頁以下。

12) 三木義一「国税通則法改正の経緯とその真の内容」日本弁護士連合会＝日弁連税制委員会編『国税通則法コンメンタール税務調査手続編』6 頁（日本法令，2023）。

13) 宇賀克也『行政手続法の理論』3 頁（東京大学出版会，1995）参照。

14) 南博方「租税手続の公正・透明化へ向けて」租税 22 号 11 頁（1994）。

15) 志場ほか共編・前掲注（10）999 頁，高木光ほか『条解行政手続法（第 2 版）』73，75 頁（弘文堂，2017）。

16) 「平成 22 年度税制改正大綱」1 頁以下（平成 21（2009）年 12 月 22 日閣議決定）。

17) 青木丈「国税通則法抜本改正（平成 23〜27 年）の経緯」青山ビジネスロー 5 巻 2 号 6 頁以下（2016），三木・前掲注（12）22 頁以下，税制調査会専門家委員会「納税環境整備に関する論点整理」日本弁護士連合会＝日弁連税制委員会編・前掲注（12）712 頁，納税環境整備 PT「納税環境整備 PT 報告書」同編・同書 735 頁以下。

18) 「平成 23 年度税制改正大綱」5 頁以下（平成 22（2010）年 12 月 16 日閣議決定）。

19) 削除された目的規定及び国税通則法の名称等については，三木・前掲注（12）30 頁以下，青木・前掲注（17）10 頁以下，林仲宣「調査結果の通知と再調査」税理 55 巻 13 号 65 頁（2012）を参照。

20) 三木・前掲注（12）39 頁。

21) 望月爾「納税者権利憲章の国際的展開」立命 352 号 433 頁以下（2013）参照。

22) OECD Committee of Fiscal Affairs Forum on Tax Administration, Taxpayers' Rights and Obligations – Practice Note, 1 (2003), available at https://www.oecd.org/tax/administration/Taxpayers'_Rights_and_Obligations-Practice_Note.pdf (last visited June 9, 2023) [hereinafter cited as The 2nd Report of the FTA].

23）　OECD, TAXPAYERS' RIGHTS AND OBLIGATIONS : A SURVEY OF THE LEGAL SITUATION IN OECD COUNTRIES 10（1990）〔hereinafter cited as The 1990 Report of the OECD〕.

24）　The 2nd Report of the FTA, *supra* note（22）at 12.

25）　*Id.* at 6.

26）　*Id.* at 3, 8. 2003 年報告書及び納税者の基本的義務の強調の危険性に対する指摘については，納税者権利保護法を制定する会「納税者権利保護法の制定について」租税訴訟 4号 6 頁以下（2010）を参照。

27）　The 2nd Report of the FTA, *supra* note（22）at 3,4,6.

28）　OECD Committee of Fiscal Affairs Forum on Tax Administration, Principles of Good Tax Administration – Practice Note, 3（2001）, available at https://www.oecd.org/tax/administration/1907918.pdf（last visited June 9, 2023）〔hereinafter cited as The 1st Report of the FTA〕.

29）　*Id.* 以下の記述は，同報告書に多くを負っている。

30）　The 1990 Report of the OECD, *supra* note（23）at 3. 以下の記述は，同書に多くを負っている。増田英敏「租税行政組織の構成と納税者の権利保護」同編『納税者の権利保護の法理』226 頁以下（成文堂，1997）では，1988 年報告書の納税者の権利に関する詳細な研究がされている。

31）　The 1990 Report of the OECD, *supra* note（23）at 7.

32）　*Id.*

33）　納税者の情報や文書の提出の要求，実地調査を含む記録の検査と説明の要求，事業所・住居訪問，第三者に対する情報提供の要求，税務行政以外の行政及び外国の税務行政の援助などである。*Id.* at 11.

34）　*Id.* at 10.

35）　併せて，高木八尺ほか編『人権宣言集』128 頁以下（岩波書店，1957）参照。

36）　The 1990 Report of the OECD, *supra* note（23）at 10, 14 n. 1.

37）　*Id.* at 12-14. なお，一連の報告書は，納税者の権利保障の重要性を述べる文書であるが，納税者には，①納税申告書作成義務，②誠実である義務，③協力的である義務，④期限内に正確な情報と文書を提供する義務，⑤記録保持の義務，⑥期限内に納税する義務があるとする。See, *Id.* at 15 ; The 2nd Report of the FTA, *supra* note（22）at 10-11.

38）　アメリカの納税者権利憲章は，石村耕治「アメリカの納税者権利章典を読む〜わが国での納税者権利憲章つくりの展望」TC フォーラム研究報告 2020 年 1 号 1 頁以下（2020）に網羅されている。下記は，山本直毅「米国における租税徴収手続と納税者の権利」税法 585 号 99 頁以下（2021）参照。

39）　石村・同上論文 3 頁以下。

40）　CAMILLA E. WATSON, BROOKES D. BILLMAN, JR., JENNIFER L. CHAPMAN, FEDERAL TAX PRACTICE AND PROCEDURE : CASES, MATERIALS, AND PROBLEMS 251（3rd ed. 2022）.

41）　UNITED STATES GOVERNMENT ACCOUNTABILITY OFFICE GENERAL GOVERNMENT DIVISION, TAX ADMINISTRATION : IRS' IMPLEMENTATION

OF THE RESTRUCTURING ACT'S PERSONNEL FLEXIBILITY PROVISIONS 1 (2000).

42) *Id.* at 17-18；Internal Revenue Amendments, INTERNAL REVENUE SERVICE RESTRUCTURING AND REFORM ACT OF 1998: A LEGISLATIVE HISTORY OF PUB. L. NO. 105-206, §1203, 105th, Cong., 112 Stat. 685, 720-722（1998）, reprinted in WILLIAM H. MANZ, EDITOR, VOL. 1, DOC. 1（2013）.

43) I.R.C. §7803（c）.

44) Amanda Bartmann, *Making Taxpayer Rights Real: Overcoming Challenges to Integrate Taxpayer Rights into a Tax Agency's Operations*, 69（3）Tax Law. 597, 598-599,601-603（2016）. 以下の記述は, 同論文に多くを負っている。

45) Internal Revenue Service, YOUR RIGHTS AS A TAXPAYER, PUBLICATION 1, CATALOG No. 64731W（Rev. Sep. 2017）, available at https://www.irs.gov/pub/irs-pdf/p1.pdf（last visited June 9, 2023）.

46) I.R.C. §7803（c）. Internal Revenue Amendments, PROTECTING AMERICANS FROM TAX HIKES ACT OF 2015: A LEGISLATIVE HISTORY OF PUB. L. NO. 114-113 DIVISION Q, §401（codified at I.R.C. §7803（2015））, 114th, Cong., 129 Stat. 3040, 3117（2015）, reprinted in William H. Manz, Editor, Vol. 1, Doc. 1（2016）. ドイツでは, クラウス・ティプケ教授が納税者の保障されるべき権利リストを教科書等に公表し, ドイツ租税通則法改正が実現した（木村弘之亮「租税正義―追悼ティプケ・クラウス」TKC585号26頁（2021））。

47) Cf. ALLEN D. MADISON, FUNDAMENTALS OF FEDERAL TAX PROCEDURE AND ENFORCEMENT 407-409（2019）. 以下の表は同書を参照し作成した。同規定と内国歳入法典で保障される納税者の権利保障の根拠規定との関連を示すが, 散在する納税者の権利保障規定は, これだけに留まらず多く存在するが, 紙幅の関係から割愛する。詳細は, 2015年に納税者の権利意識の向上を目的としてメインページが変更された内国歳入庁HPのKNOW YOUR RIGHTSを参照されたい（https://www.irs.gov, 2023年6月9日最終閲覧）。

48) Facebook, Inc. & Subsidiaries v. IRS, 2018 U.S. Dist. LEXIS 81986.

49) *Id.* at 11-13.

50) *Id.* at 16. 納税者の権利と立証責任の負担軽減の否定は, Moya v. Comm'r, 152 T.C. 182（2019）を参照。

51) 木村弘之亮「租税正義―序文に代えて」木村弘之亮＝酒井克彦編『租税正義と国税通則法総則』10頁, 31頁以下, 38頁以下（信山社, 2018）, 松沢智『租税法の基本原理』序にかえて5頁以下（中央経済社, 1983）参照。

52) 諸外国の納税者権利憲章等の詳細な内容は, 湖東京至編『世界の納税者権利憲章』（中小商工業研究所, 2002）, 石村耕治『先進諸国の納税者権利憲章』（中央経済社, 1993）を参照。望月爾教授より資料提供と権利保障の在り方をご指導いただいた。また北野弘久「租税手続の改革と納税者基本権」租税22号54頁（1994）, 増田英敏「外国における納税環境の整備」税研29巻6号38頁（2014）, 志賀櫻「租税手続における憲法保障」租税訴訟3号2頁（2010）, 三木義一「租税手続上の納税者の権利保護」租税37号1頁（2009）

等を参照。

53)　The 1990 Report of the OECD, *supra* note（23）at 10.

54)　最（大）判昭和 47 年 11 月 22 日刑集 26 巻 9 号 554 頁，最（大）判平成 4 年 7 月 1 日民集 46 巻 5 号 437 頁。

55)　The 1990 Report of the OECD, *supra* note（23）at 10 ,12.

56)　優良な税務行政の諸原則の報告書及び 2003 年報告書の要件を満たす納税者権利憲章のモデルについては，See, Duncan Bentley, Taxpayers' Rights: Theory, Origin and Implementation 373-401（2007）及び望月爾「納税者権利保護法の国際モデル― Duncan Bentley 教授のモデル法の紹介を中心に」水野武夫先生古稀記念論文集刊行委員会編『行政と国民の権利』761 頁以下（法律文化社，2011）を参照。

57)　増田・前掲注（52）38 頁。

3 納税者の権利保護の国際的進展
——近年の各国の動向と国際的議論の紹介を中心に——

望 月 　 爾
（立命館大学法学部教授）

はじめに

　1980 年代後半以降，欧米各国は，納税者権利憲章の制定や租税手続法制の見直しなどを通じて，税務調査や徴収における納税者の権利保護のための手続の整備を進めてきた。その動きは，アメリカやイギリス，フランスなどの欧米から韓国，台湾，インドなどのアジアや，メキシコ，ペルーなどの中南米，南アフリカやケニアなどアフリカ諸国にも広がっている。[1]また，近年，欧米各国を中心に納税者権利憲章の改定や国際的なモデル憲章（法）の公表など納税者の権利保護をめぐる国際的な議論が再び活発化してきている。アメリカやカナダ，イギリス，オーストラリアなどでは，新たに納税者権利憲章（Taxpayer Charter）が改定されている。さらに，納税者権利憲章の国際モデルとして，2003 年のOECD の「納税者の権利と義務——プラクティス・ノート[2]」に続き，EU においても，2016 年に加盟各国の税務行政の調和と納税者と税務当局との信頼協力関係を深めるため「『欧州納税者法（European Taxpayer's Code)』のモデルのガイドライン」[3]が公表された。

　そのような納税者の権利保護をめぐる動きは，学界や実務界などにおいても進展し，2007 年，オーストラリアのダンカン・ベントレー（Duncan Bentley）教授が『納税者の権利——理論・起源・実務』[4]を著して，納税者権利保護法の国際モデルを提案した。2015 年には，アジア・オセアニア・タックス・コンサルタント協会（AOTCA）とヨーロッパ租税連盟（CFE），信託・相続実務家協会（STEP）の国際的税務専門家 3 団体が，「モデル納税者権利憲章（Model Taxpayer Charter)[5]」を公表した。また，同年，スイスのバーゼルで開催された

IFA（International Fiscal Association：国際租税協会）の第 69 回総会では，その第 2 議題において，「納税者の基本的権利の実務上の保護」が議論された。[6]さらに，それをきっかけに IBFD（International Bureau of Fiscal Documentation）に創設された納税者の権利保護の国際的監視を行う OPTR（Observatory on the Protection of Taxpayers' Rights）[7]，元全米納税者権利擁護官のニーナ・オルソン（Nina E. Olson）を中心に組織された NPO の Center for Taxpayer Rights など[8]において，納税者の権利保護に関する国際的な調査や議論が進められている。

　本稿では，このような納税者の権利保護をめぐる近年の国際的動向について，各国の納税者権利憲章の制定や国際的議論の進展の状況を中心に概観する。とくに，最新の情報として ILA（International Law Association; 国際法協会）の研究グループによって公表された「納税者の基本的権利の国際憲章（International Charter of Taxpayers' Fundamental Rights）」についても簡単に紹介したい。[9]最後に，近年の納税者の権利保護の国際的調和と標準化の特徴や傾向について論じたい。

I　納税者の権利保護をめぐる近年の国際的動向

1　納税者の権利保護に関する国際的調査

　2019 年の OECD 租税委員会（Committee on Fiscal Affairs）の税務行政に関する調査によれば，納税者の権利保護に関して，加盟国 34 カ国（当時）・非加盟国 24 カ国の計 58 カ国の調査対象において，51 カ国が「法律その他の法令（Law or other statute）」または「行政による刊行物（Publication by administration）」に，納税者の権利を公式に定めていると回答している。うち 35 カ国が「法律その他の法令」，15 カ国が「行政による刊行物」，「その他」が 1 カ国（スウェーデン），それらが「ない」とする回答は，アルゼンチン，ベルギー，ブラジル，ドイツ，香港，日本，シンガポールの 7 カ国，とくに G7 では，日本とドイツのみであった。[10]

　また，2021 年の前述の IBFD の OPTR による報告によれば，2020 年に「納税者権利憲章（Taxpayers' Charter）」や「納税者権利章典（Taxpayers' Bill Of Right）」を有すると回答したのが 62%，国別では，オーストラリア，オースト

リア，ベルギー，ボリビア，ブラジル，ブルガリア，チリ，中国，コロンビア，グアテマラ，ホンジュラス，インド，イタリア，ケニア，モーリシャス，メキシコ，ニュージーランド，ノルウェー，ペルー，セルビア，南アフリカ，スペイン，トルコ，イギリス，アメリカ，ベネズエラの 26 カ国であった。そのうち，これらの規定に法的効力があるとしたのが 31％，国別ではベルギー，ボリビア，ブラジル，チリ，中国，グアテマラ，ホンジュラス，イタリア，ケニア，メキシコ，ノルウェー，ペルー，スペイン，アメリカ，ベネズエラの 15 カ国であった。[11]

2 納税者の権利保護をめぐる各国の動向

(1) EU 各国における納税者の権利保護

EU 各国においては，次に述べるような各国の憲法や租税手続法，納税者権利憲章による保護に加えて，EU 法による重層的な納税者の権利保護システムが構築されている。すなわち，欧州連合条約（Treaty on European Union）の人権に関する規定や関連の指令等と，それに基づく欧州司法裁判所（ECJ）による司法審査，欧州人権条約（ECHR）や欧州連合基本権憲章（The Charter of Fundamental Rights of the European Union）に基づく欧州人権裁判所（ECtHR）の司法審査による納税者の権利保護が機能している。実際，EU 法や欧州人権条約等に基づく納税者の権利保護をめぐる裁判が，欧州司法裁判所や欧州人権裁判所に提起されている。[12]

① ドイツ

ドイツには，納税者権利憲章は導入されていないが，基本法（憲法）や租税通則法（AO）による法的保護が存在する。たとえば，基本法 32 条や 31 条，13 条，34 条に基づき手続的基本権が保障される。そのうえで，租税通則法（AO）において，聴聞権（91 条）や税務調査における事前通知（124 条），代理人・補佐人選任権（80 条），調査結果の書面による通知（118 条）など具体的な納税者の権利保護のための手続規定が整備されている。また，納税者のデータ保護（29 条 b），秘密保持やデータへのサクセスの制限（30 条）なども規定として含まれている。[13]

63

② フランス

1975 年「税務調査における憲章（Charte du Contribuable Vérifié）」を公表し，1981 年租税手続法（FTPC）を制定，1987 年「調査の対象とされている納税者の権利と義務に関する憲章（Charte du Contribuable）」を策定して，法的効力を付与した。また，2005 年に納税者と課税庁との信頼関係の確立と相互の尊重を目的として「納税者憲章（la charte du contribuable vérifié）」が公表され，租税手続法を根拠として，冒頭にフランス人権宣言を示したうえで，納税者の権利と義務がバランスよく規定されていた。[14] 2022 年に改定された「税務調査における権利と義務（Charte des Droits et Obligations du Contribuable Vérifié）」が最新版である。[15] フランスの納税者憲章は，租税手続法に規定された税務調査における納税者の手続上の権利と義務を確認する内容となっている。

③ イタリア

2000 年「納税者権利保護に関する法律（Statuto dei diritti del contribuente）」が制定された。[16] 納税者の権利保護を目的とした独立の法律であり，憲法に基づき制定された法律として，同法に反する税法改正は行えないことになっている。その内容は，全 21 条で大きく 4 つの部分から構成されている。税法や税務行政の基本原則としての明確性や透明性，不遡及の原則や，事前確認制度（アドバンス・ルーリング制度），税務調査時に保障される権利，納税者の権利の保障機関（オンブズマン制度）の導入などの規定に加えて，税務調査官の行動規範なども定められている。イタリアの納税者権利保護法は，制定後 20 年以上を経過したが，軽微な改正はあったものの安定的に運用されてきた。[17] なお，イタリアでは同法に基づき，納税者オンブズマンも地域別に設置されている。

④ その他

まず，スペインでは，イタリアと同様に 1998 年に納税者権利保護法が，独立した法律の形式で立法化された。その内容は，全 8 章 37 条，納税者の権利保護の一般原則をはじめ，税務調査や徴収手続における権利保護に加え，制裁手続や税務訴訟・不服申立てに関する権利なども規定されている。また，納税者オンブズマン制度も導入されている。次に，オーストリアは，ドイツと同様に連邦租税通則法（BAO）に納税者の手続上の権利に関する定めをおいている。

ベルギーでは，1986年に大規模な税制改正の一環として納税者権利憲章が公表されている。そのほか，クロアチアは納税者権利憲章を有しており，ポーランドでは導入が検討されている[18]。

(2)　イギリスにおける納税者の権利保護

イギリスでは，1986年「納税者憲章（Taxpayer's Charter）」，1991年には納税者憲章と「お客様サービス方針（Customer Service Initiative）」が公表された。2005年の歳入関税庁（HMRC）発足後，2009年に同年の財政法92条に基づき，新たに「あなたの憲章（Your Charter）」が策定公表された。また，2016年に，「あなたの憲章」をよりわかりやすく納税者へのサービス重視なものにするために改定が行われ，納税者憲章に示された基準を満たすために，歳入関税庁（HMRC）は，外部の有識者から成る「憲章委員会（Charter Committee）」を組織し，憲章を擁護する「憲章擁護委員（Charter Champions）」を任命した。それによって，憲章の遵守状況や問題点など憲章委員会の活動報告を年次報告書（annual report）として最低年に1回提出しなければならないことになった[19]。同委員会は，2018年秋から納税者へのサービスをより重視する立場から「カスタマー・エクスペリエンス委員会（Customer Experience Committee）」に改組されるなど，納税者へのサービス志向の見直しが進められている。なお，イギリスの納税者憲章は，2020年11月に「HMRC憲章（HMRC Charter）」として更新，公表されている[20]。

(3)　アメリカにおける納税者の権利保護

アメリカでは，1988年の第1次納税者権利章典（Taxpayer Bill of Rights 1）に続き，1996年の第2次納税者権利章典（Taxpayer Bill of Rights 2），1998年の内国歳入庁再編改革法（IRS Reform and Restructuring Act）による第3次納税者権利章典（Taxpayer Bill of Rights 3）までの3次にわたる納税者権利保護のための改正に基づいて，税務調査から徴収手続について，具体的な納税者の権利保護のための手続保護規定を法定したうえで内国歳入法典（IRC）に編入し，あわせて，税務行政を納税者サービスとする内国歳入庁（IRS）の改革を行い，「納税者としてのあなたの権利（Your Rights as a Taxpayer）」を「Publication 1」として発行してきた。その中では，「お客様」としての納税者へのサービス提供が

基本となっていた。しかし，その後も全米納税者権利擁護官（National Taxpayer Advocate：NTA）からは，納税者権利章典の周知や権利保護に関する課題が指摘されてきた。そこで，2014 年 6 月 10 日内国歳入庁（IRS）は，全米納税者権利擁護官（NTA）の勧告を受けて，「10 の権利」からなる新たな第 4 次納税者権利章典（Taxpayer Bill of Rights 4）を公表した。すなわち，①知らされる権利，②品質の高いサービスを受ける権利，③正確な税額を超えた納付を求められない権利，④内国歳入庁（IRS）の見解に異議をとなえ意見の聴取を受ける権利，⑤独立の公開の場で内国歳入庁（IRS）の決定に対し不服を申立てる権利，⑥終結させる権利，⑦プライバシーの権利，⑧守秘の権利，⑨代理を依頼する権利，⑩公正かつ公平な税制に対する権利である。また，これらの「10 の権利」は，2015 年 12 月 18 日の内国歳入法典（IRC）の改正により，同法 7803 条 (a)（3）に法定された[21]。その後，これらの権利に法的な効果を認めるか否かについて，裁判で争われている[22]。

(4) カナダにおける納税者の権利保護

カナダでは，1985 年「納税者権利宣言（Declaration of Taxpayer Right）」が公表され，2000 年に「あなたの権利（Your Rights)」に改定された。そして，2007 年にカナダ歳入局（CRA）の納税者に対するサービスとアカウンタビリティを向上させるために新たな「納税者権利章典（Taxpayer Bill of Rights)」が制定公表された。また，同年に財務大臣の任命する納税者オンブズマン（Taxpayers' Ombudsman）が設置され，歳入局（CRA）から独立して課税処分の是正や手続変更等の勧告を行う権限が付与された[23]。カナダの納税者権利章典は，16 の納税者の権利と「スモール・ビジネスに対する 5 つの公約（Commitment to Small Business)」を規定している[24]。16 の権利のうち 8 つが「法律上の権利」であり，残りの 8 つが「行政サービス上の権利」である。2013 年に納税者オンブズマンの勧告を受け 16 番目の権利として「税務行政サービスに対する苦情の申立や正式な審査を請求する権利」が追加された。納税者オンブズマンの 2018 年の年次報告によれば，カナダ国税局（CRA）は，従来通り納税者の権利を尊重しつつ，サービス担当官の任命や外部有識者も含むアドバイザリー・パネルを設置するなど納税者サービスの向上に力を入れている。

(5) オーストラリアにおける納税者の権利保護

オーストラリアでは，1989 年に国税庁（ATO）から「ATO サービス方針」が公表され，その後 1997 年に正式に「納税者権利憲章（Charter of Taxpayers' Rights)」が策定された。2010 年には，国税庁（ATO）がコミュニティとの相互の信頼と尊敬に基づきその信頼関係を構築・促進することを目的に「納税者憲章―知っておくべきこと（Taxpayers' charter - what you need to know)」を改定した。また，2016 年の主席監察官（Inspector General）による納税者権利憲章と納税者権利保護に関する勧告に基づき，2018 年に納税者の権利と義務の要約を含む，納税者憲章を公表した。[25] その内容は，納税者に対する公正で専門的サービスの提供やプライバシーの尊重，秘密保持，説明を受ける権利，情報へのアクセス権，不服申立て権などを含んでいる。さらに，2015 年 5 月 1 日以降，連邦オンブズマンによって処理されてきた国税庁（ATO）への苦情処理は，税務監察官・オンブズマン（Inspector-General of Taxation and Taxation Ombudsman：IGTO）に移管された。税務監察官・オンブズマン（IGTO）は，納税者の税務問題に対するより専門的な苦情処理を提供することを目的として設置された独立の機関で，必要に応じて議会委員会や関連大臣と協力して，政府に対し独立した立場からの勧告や助言を提供する権限を有している。

(6) アジア各国における納税者の権利保護

① 韓 国

韓国では，1996 年に国税基本法に第 7 章の 2「納税者の権利」の章を設けて，それに基づき 1997 年に納税者権利憲章が公表された。韓国の納税者権利憲章は，冒頭で納税者の権利が憲法と法律の定めにより尊重され保障されていることを述べたうえで，7 項目の権利をあげていた。2006 年 12 月には，税務調査対象の選定や税務調査期間に関する条項を追加するなど国税基本法上の納税者の権利保護の関連規定が一部改正され，その趣旨に合わせて 2007 年 3 月に税務調査期間の延長の文書による通知や課税処分前に迅速に事前救済を受ける権利の 2 項目を追加する納税者権利憲章の改定を行った。その後，直近では 2018 年 2 月に，2010 年以降の関連の法改正や納税者の権利意識の高揚をふまえ，納税者権利憲章の大幅見直しが行われている。また，2007 年以降大幅な税務当局

の機構改革や納税者保護委員会と納税者保護官の新設，納税者の権利のガイドブックとして「グリーン・ブック（Green Book）」の作成・配布など，納税者の権利保護を担保するための対策を強化し，2010 年には納税者保護官を国税基本法に規定するなどの見直しを進めている[26]。

② 台　湾

台湾では，2009 年 12 月に立法院において，税捐稽徴法（税務調査徴収法）第 1 章の 1 に「納税義務者権利の保護」の章名と第 11 条の 3 から第 11 条の 7 までの条文を追加する改正案が成立した。税捐稽徴法は，第 1 章の 1 に「納税義務者権利の保護」の章名を入れて，第 11 条の 3 租税法律主義の確認，第 11 条の 4 租税特別措置の制限，第 11 条の 5 税務調査の事前通知および代理人・補佐人選任権，第 11 条の 6 税務調査の適正手続，第 11 条の 7 税務調査における意見陳述・質問機会の付与の 5 つの条文が追加された[27]。

2016 年 12 月 9 日，納税者の権利保護を一層強化し，公平かつ公正な課税を実現することなどを目的とする「納税者権利保護法」が制定された。同法案は，2016 年 6 月に立法院に提出され審議開始，同年 12 月 9 日に可決，成立し，同年 12 月 28 日に公布された。納税者権利保護法は，全 23 か条から成り，2017 年 12 月 28 日から施行されている[28]。その主な内容は，立法目的として，憲法に定める生存権，労働権，財産権等の基本権の保障，納税者の権利の確保，課税の公平の実現，正当な法的秩序の徹底を目的とし，納税者の権利保護に関してこの法律にとくに定めのあるときは，この法律の規定を優先して適用する旨を規定し，具体的には租税法律主義や最低生活費保障（1 人当たり可処分所得から計算），応能負担原則，情報公開，主管機関，税務行政裁判所（税務専門法廷）や納税者権利保護審議会，納税者権利保護官の設置などについて定めている。このように台湾の納税者権利保護法の憲法上の基本原則や税務行政裁判所，納税者権利保護審議会，納税者権利保護官などは，アメリカや EU 各国の納税者権利憲章や関連の法制，一部日本の学説なども採り入れた内容で大変興味深い。

③ インド

インドでは，1990 年に行政上の宣言として「納税者権利宣言」が公表されたが，2020 年にデジタル技術を利用した非対面型の税務調査や不服申立て手続

の導入に伴い「納税者権利憲章（Taxpayers charter）」が制定された。その目的は，納税者と所得税局（Income Tax Department：ITD）の間の相互の信頼関係を築き説明責任を向上させること，納税者による義務の履行，法令遵守を確実にすること，所得税局（ITD）の義務を成文化することにより，納税者の権利を保障することである。新しい納税者権利憲章では，所得税局（ITD）の14の誓約（Commitments）と納税者に期待されること（The taxpayer is expected to）が6つ規定されている[29]。

④　その他

簡易なものではあるが，カンボジアやシンガポール，香港などは，納税者権利憲章やサービス憲章を有している[30]。また，中国も税務当局よりの通知という形式ではあるが，2009年に14の納税者の権利を含む行政文書を公表している[31]。

（7）　その他中南米・アフリカ各国における納税者の権利保護

まず，中南米において，アルゼンチンやブラジルは，納税者権利権利憲章を有しないが憲法上の保護がある。チリやペルーでは，税法規定の中に納税者の権利に関する定めが含まれている。メキシコは，2005年に連邦納税者権利章典（Federal Bill of Taxpayer Rights）を公表した。

次に，アフリカでは，EUと同様にアフリカ人権憲章（African Chater on Human and Peoples' Rights）による国際的な保護のほか，南アフリカやケニア，タンザニア，ウガンダ，ルワンダ，ザンビア，モーリシャス，レソト，マラウィ，セイシェルなどが，近年納税者権利憲章やサービス憲章を導入している[32]。

II　納税者の権利をめぐる国際的議論の進展

納税者権利の保護については，近年各国の関連の法制の整備や納税者権利憲章の改定，公表などの動きに加えて，税務行政のグローバル化に伴い，次に紹介するようなモデル憲章（法）の起草や公表，保護されるべき権利の国際的な調和や標準化の議論が進展している。

（1）　OECD「納税者の権利と義務―プラクティス・ノート」

まず，納税者権利憲章の国際的モデルの先駆けとなったのが2003年にOECDが公表した前述の『納税者の権利と義務―プラクティス・ノート[33]』であ

る。これは，1990 年の OECD の報告書『納税者の権利と義務・OECD 各国における法制度の現状[34]』の実務上の指針として，各国の納税者権利憲章に必要な納税者の基本的権利と義務のガイドラインを示したものである。とくに，その中では納税権利憲章の雛形として具体的モデルが示されていた。このモデルは，アメリカやイギリス，オーストラリアやアジア，中南米，アフリカ諸国など，2000 年代以降の各国の納税者権利憲章の制定や改定に大きな影響を与えていった[35]。

(2) ダンカン・ベントレー教授の「納税者権利保護法の国際モデル」

オーストラリアのダンカン・ベントレー（Duncan Bentley）教授は，2007 年に納税者の権利について，欧米からアフリカまで，世界各国の納税者の権利保護の現状や税制や法律の基本原理，憲法や租税法規，税務行政上の原則や制度，租税行政サービスのあり方などを包括的に分析・検討した『納税者の権利：理論，起源とその実現』を出版した。同書の第 9 章において，全 10 章 25 条の条文と付属文書としての「グッド・プラクティス（Good Practice）の原則」を付した納税者権利保護法の国際モデルが示されている。その内容は，「法の支配」や平等原則，比例原則などの法の一般原則から，情報収集，税務調査，租税の査定・徴収手続，制裁，不服申立てや税務訴訟などの救済手続に加えて，納税者サービスの向上の基準などを含み，それらを「法律上の権利」と「行政上の権利」に分けて規定している。法律の条文の形式をとっているが，批准を必要とするような国際条約等の基準を示すためではなく，各国が国内法に含めるための納税者の権利に関する共通の基準を示すことを目的としている。また，このモデルがそのまま独立した法典として導入されることを予定しておらず，各国の現行の税法の個別の条項として採り入れられることを想定している[36]。

(3) 国際的税務専門家 3 団体によるモデル憲章

2015 年 11 月，アジア・オセアニア・タックスコンサルタント協会（AOTCA）とヨーロッパ租税連盟（CFE），信託・相続実務家協会（STEP）の 3 つの国際的税務専門家団体が共同で課税における公正性の拡大を目指して「モデル納税者権利憲章（Model Taxpayer Charter of Taxpayer Rights and Responsibilities）」を公表した[37]。

　モデル憲章は，STEP副会長のカナダのマイケル・カデスキー（Michael Cadesky）会計士，CFE副会長のイギリスのイアン・ヘイズ（Ian Hayes）会計士 STEPの国際委員会メンバーのオーストラリアのディビッド・ラッセル（David Russell）弁護士の3人を中心に起草された。2015年の6月に最終案としてまとめられ，同年11月13日に3団体連名で正式に公表された。そして，それに先立ち10月15，16日両日大阪で開催されたAOTCAの総会でも最終案のプレゼンテーションが行われた。

　モデル憲章は，納税者と税務当局との相互の信頼関係の構築を目的とし，税務専門家がその目的の達成のために重要な役割を果たすことが期待されている。そして，最終案は，41カ国（世界のGDPの80％）の調査結果に基づき，全37カ条から構成されている。その内容は，税務調査や徴収，不服申立手続など税務行政手続における納税者の権利保護を各条項で規定しているほか，租税立法手続や税法上の基本原則，税務行政サービスに関する基準なども定められている。また，税務専門家団体らしく，税務顧問や租税回避についても規定している。このモデル納税者権利憲章は，各国の税務当局や税務専門家団体への強制力はないが，最終案の序文には日本税理士会連合会の池田隼啓会長（当時）がAOTCA会長としてメッセージをよせている。[38]

（4）　IFAバーゼル総会第2議題とOPTRの創設

　2015年8月30日から9月3日にかけて，IFA（国際租税協会）の第69回総会がスイスのバーゼルにおいて開催された。その第2議題として「納税者の基本的権利の実務上の保護（The practical protection of taxpayers' fundamental rights）」について議論が交わされた。総会では，イギリスのフィリップ・ベーカー（Philip Baker）弁護士とイタリアのパスカーレ・ピストーネ（Pasquale Pistone）教授が「一般報告（General Report）」を担当し，納税者の権利保護に関する12の項目について57の「最低基準（minimum standard）」と44の「ベスト・プラクティス（best practice）」を提示した。それに対し，各国支部の報告者が事前に提出した「支部報告（Branch Reports）」の内容にそってパネルディスカッション方式で各国の状況を報告し議論を進めていく形式がとられた。[39]

　総会報告をみると，各国の税務行政事情の違いなどから一概に比較は難しい

部分もあるが，たとえば，第4項目の「通常の税務調査」の「最低基準」として，①税務調査への比例原則の適用や②事前通知，③調査終了の文書による通知，④代理人の選任と支援，⑤反面調査により第三者から収集した情報の納税者本人への通知，⑥納税者への聴聞権の保障，⑦再調査の原則禁止などがあげられている。そして，第12項目の「納税者の権利保護のための制度的枠組み」では，納税者権利憲章の制定が「最低基準（minimum standards)」とされ，納税者権利擁護官や納税者オンブズマンのような税務当局から独立した納税者の権利保護のための組織（中央と地方）や担当者の設置が「ベスト・プラクティス（best practice)」とされている。その後，ベーカー弁護士とピストーネ教授は，前述の IBFD の OPTR を創設し，納税者の権利保護に関する国際的調査や研究を継続され，ウェブページにおいて年次報告書を公表されている。[40]

(5) EU 納税者法のためのモデルのガイドライン

欧州委員会は，2016年11月に「EU 納税者法のためのモデルのガイドライン（Guideline for a Model for a European Taxpayers Code)」公表した。[41] このモデル法のガイドラインは，EU 加盟国に対して拘束力はないが，納税者と税務当局との関係を基礎づける一般原則を示すものとして，各国が必要や状況に応じてその要素を自国の法制に追加あるいは採用することができるものとされている。

モデル法のガイドラインは，一般原則として，①適法性と法的確実性，②納税者に対する非差別と平等，③誠実であることの推定，④礼節と配慮，⑤法の尊重，⑥公平性と独立性，⑦財政上の秘密とデータ保護，⑧プライバシー，⑨代理の9つの項目をあげて，納税者と税務当局に求められる権利や義務を示している。これらの原則を補足する納税者と税務当局が協働すべき活動の項目として，①納税者への情報と指針の提供，②納税者に対するサービス，③主要なサービスの基準，④一般的な性質の解釈，⑤アドバンス・ルーリング（事前照会制度）をあげている。さらに，手続として，①納税申告，②納税者の査定，③調査プロセス，④納付と徴収，⑤自発的情報開示，⑥制裁について，納税者と税務当局にそれぞれに求められる権利や義務を示している。

モデル法のガイドラインは納税者と税務当局の見解が相違する場合を想定し，

その相違点を解消するための仕組みとして，必要な①内部的な苦情処理，②裁判と審判，③不服申立の権利の項目を含んでいる。最後に，いくつかの「ベスト・プラクティス（best practice）」の拡大とさらなるアイデアの奨励について，①電子的管理とオンライン・サービス，②コンプライアンス向上のための革新的なアプローチ，③いくつかの言語による情報の入手とよく使われる言語の奨励，④透明性の向上の4つの項目をあげて，加盟各国の事例を紹介しながら今後の方向性について述べている。[42]欧州委員会が加盟各国の税務行政の調和や納税者のコンプライアンスの向上，納税者と税務当局との信頼関係の構築など目的に，このようなモデル法のガイドラインを示したことは，今後の税務行政や納税者権利保護の方向性を考えるうえで重要といえ，各国の対応が注目される。

(6)　納税者の権利に関する国際会議と Center for Taxpayer Rights

2015年から元全米納税者権利擁護官のニーナ・オルソン（Nina Olson）の呼びかけにより，世界各国の税務当局関係者や研究者，裁判官や法曹関係者などによる「納税者の権利に関する国際会議（International Conference on Taxpayer Rights）」が開催されている。同会議は，納税者の権利保護に関する国際的な情報交換や研究交流を目的に，第1回2015年11月ワシントンDC，第2回2017年3月ウィーン，第3回2018年5月アムステルダム，第4回2019年5月23日，24日にミネアポリス，第5回2021年5月アテネ，第6回同年10月プレトリア（南アフリカ），第7回2022年5月ハーバード・ロースクール，第8回は本年5月にチリのサンチャゴで開催された。毎回納税者の権利保護に関するテーマが設定され，デジタル化やグローバル化への対応や徴収手続における権利保護，司法審査と裁判外紛争処理などについて国際的な議論が行われてきた。なお，現在この国際会議は，冒頭でふれたNPOの Center for Taxpayer Rights が主催している。[43]同NPOは，2019年に納税者の権利保護の推進と納税者の対する適正手続の保障を目的に創設され，納税者の権利保護のためのオンラインセミナーの開催や低所得者向けの支援などに取り組んでいる。

(7)　納税者の権利保護の最低基準としての「納税者の基本的権利の国際憲章」

2020年，ILA（国際法協会）の研究グループは，国際法研究の立場からOECDを中心とする国際的な税務行政協力の進展などをふまえ，納税者の権利保護に

ついて, 「国際的最低基準 (International Minimum Standards)」を公表した[44]。ま
ず, 個人を国際法と税法の主体と位置づけたうえで, ①納税者の権利保護の一
般原則 (the General Principles), ②手続上の権利 (Procedural Rights), ③制裁
に関連する納税者の権利 (Taxpayers' Rights Related to Sanction), ④実体的権
利 (Substantive Right) の4つに分けて具体的な権利をあげて基準として示し
ている。そのうえで, ①「納税者権利保護の一般原則」としては, ❶「法の支
配 (The Rule of Law)」, ❷比例原則 (Proportionality), ❸濫用的・詐欺的実務
(租税回避) との闘い (The Fight against Abusive and Fraudulent Practice), ❹
法の正義 (Fairness) の4つをあげている。②「手続上の権利」としては, ❶自
己情報へのアクセス・修正・削除を求める権利 (Habeas Data), ❷意見を聴取
される権利 (Right to Be Heard), ❸司法的保護を受ける権利 (Right to Judicial
Protection), ❹納税者の権利保護のための相当な措置 (Equivalent Measures
for the Protection of Taxpayers' Rights), とくにオンブズ・パーソン (Notably
Ombudspersons) の4つについて述べている。そして, ③「制裁に関連する納
税者の権利」について行政罰と刑事罰に分けてふれたうえで, ④「実体的権
利」としては, ❶平等原則とその関連原則 (Equality and Related Principles),
❷データ保護の権利 (Right to Data Protection), ❸専門職と仲介者の権利と義
務 (Rights and Obligations of Professionals and Intermediaries), ❹納税者の財産
権 (Taxpayers' Property Rights) の4つをあげている。

　ILA の研究グループは, 2015年のバーゼル会議の IFA 報告やその後の OPTR
の調査報告などもふまえ, 8ヵ条の簡潔なものであるが,「納税者の基本的権
利の国際憲章 (The International Charter of Taxpayers' Fundamental Rights：
ICTR)」を公表している[45]。すなわち, 第1条：主観的範囲, 第2条：客観的範
囲, 第3条：国境を越えた状況, 第4条：解釈, 第5条：法的保護の国際的最
低基準, 第6条：実体的権利, 第7条：手続上の権利, 第8条：制裁に関連す
る納税者の権利の8ヵ条である。第1条から第3条までが規定するように, 本
憲章はすべての納税義務者の基本的権利に国境を越えて適用され, 第4条で定
めるように, 憲章上の用語の解釈は憲章の文脈, およびその目的と趣旨に照ら
して, その用語に通常与えられる意味に従って, 善意に解釈されるべきとされ

る。第5条から第8条までは前述の「国際的最低基準」の4つの権利とそれぞれの具体的な権利を内容としている。

　ILA の研究グループが，このような「納税者の基本的権利の国際憲章」を公表したことは，納税者の権利が各国の国内にのみ保障される権利ではなく，国際的な基本的権利であることや，それを保障することが「国際的最低基準」であることを意味しており，納税者の権利保護をめぐる国際的な議論において重要な意義を有するものといえる[46]。

おわりに

　本稿では，各国の納税負者権利憲章の制定や国際的議論の進展の状況を中心に，納税者の権利保護をめぐる近年の国際的動向について述べてきた。最後に，それらをふまえて，納税者の権利保護の国際的進展について整理すると，次の6つの特徴と傾向を読み取ることができる。

　第1に，税務行政は，国際的にはもはや権力作用ではなく，納税者を「お客様」として「サービス」を提供する「納税者サービス」として位置づけられるようになっていることである。各国の納税者権利憲章やその国際モデルでは，税務当局は納税者と対等な立場のサービス機関として位置づけられ，その評価は納税者よりの顧客満足度（CS）が重視されるようになっている。そして，デジタル化がその傾向をさらに加速させている。

　第2に，納税者の権利の法的保護の重層化や国際化が進んでいることである。たとえば，EU では，各国の憲法や租税手続法，納税者権利憲章など国内法による保護に加え，EU 法や欧州人権条約，欧州連合基本権憲章などに基づく国際的保護と欧州司法裁判所や欧州人権裁判による司法審査による保護など二重三重の法的保護が存在している。

　第3に，納税者の権利保護の国際的調和や標準化の進展である。近年 OECD や EU を中心に国際的な税務行政協力が進んでおり，それが納税者の権利保護の国際的な調和や標準化につながっている。OECD や EU における税務行政に関する国際的な議論や，学界や実務界における納税者権利保護法や納税者権利憲章の国際的なモデルの公表などはそれを表しているといえる。

第4に，納税者権利憲章・章典の制定公表が「国際的最低基準」となっていることである。IFA のバーゼル会議やその後の IBFD の OPTR での議論，納税者の権利に関する国際会議（ICTR）において，国際的には納税者権利憲章・章典を有することは当前のことであり，各国はそれを前提に税務調査や徴収手続のあり方，デジタル化の進展の納税者への影響などを議論している。納税者権利憲章のない国は，すでに国際的な少数派となっている。

　第5に，納税者の権利保護の中心が税務調査から徴収手続やデータ保護などへ移行しつつあることである。従来，納税者の権利保護は，税務調査における事前通知や代理人選任権などの手続的権利が中心であった。しかし，国際的には保護の対象が徴収手続やデータ保護に移ってきている。とくに，税務行政のデジタル化が進む中，納税者のデータやプライバシーの保護の重要性が今後ますます高まることが予想される。

　第6に，納税者の権利保護の実効性を担保する仕組みが必要であることである。アメリカやカナダ，オーストラリア，スペイン，イタリア，韓国，台湾，南アフリカなどは，税務当局から独立したオンブズ・パーソン（Ombudsperson）や納税者権利擁護官（Taxpayers' Advocate）など，税務行政における納税者権利保護の状況を監督する独立の機関を設置している。そのように，納税者の権利保護が進んでいる国々をみると，納税者権利憲章や関連の法制の整備に加え，その実効性を担保する仕組みが導入されている。

　以上のような納税者の権利保護をめぐる国際的な動向をふまえれば，日本においても，納税者権利憲章の制定・導入を行うことが急務であり，それにあわせて国税通則法や国税徴収法などの関連の法制において，「納税者の権利」を明記したうえで，税務調査や徴収手続，データ保護やプライバシー権など具体的な権利保護の規定を整備する改正を行わなければならない。加えて，税務行政を「お客様」である納税者へのサービスに移行させるための国税組織の再編や，組織風土や文化などの意識改革のための取組を進める必要があるといえよう。

＊本稿は，JSPS 科研費基盤研究（c）19K01308 の助成を受けた研究成果の一部である。

注

1)　1980 年代後半以降の納税者権利憲章の国際的な動向については，石村耕治『先進諸国の納税者権利憲章（第 2 版）』（中央経済社，1996），湖東京至編『世界の納税者権利憲章』（中小商工業研究所，2002），中里実「納税者憲章と納税者権利章典」日税研論集 67 巻 1-32 頁（2016）ほか，また，最近の動向の紹介については，拙稿「納税者権利憲章をめぐる最近の国際的状況」税制研究 76 号 101-113 頁ほか参照。

2)　OECD Committee of Fiscal Affairs Forum on Tax Administration *Taxpayers' Rights and Obligations ‒ Practice Note*（2003）．拙稿「OECD による納税者の権利憲章の指針―『納税者の権利と義務―実務覚書』の紹介」税制研究 45 号 16-24 頁（2004）参照。

3)　European Union, Guidelines for a Model for A European Taxpayers' Code（2016）．拙稿「EU における納税者の権利保護の調和―「EU 納税者法のモデルのための指針」の紹介を中心に―」立命館法学 385 号 38-77 頁（2019）参照。

4)　Duncan Bentley, *Taxpayers Rights: Theory Origin and Implementation*（2007）．拙稿「納税者権利保護法の国際モデル― Duncan Bentley 教授のモデル法の紹介を中心に―」水野武夫先生古稀記念論文集『行政と国民の権利』761-784（2011）参照。

5)　Michael Cadesky, Ian Hayes and David Russell, *Towards Greater Fairness in Taxation: A Model Taxpayer Charter*（2016）．拙稿「納税者権利憲章の国際的展開―国際的税務専門家団体によるモデル憲章の紹介を中心に―」立命館法学 352 号 433-466 頁参照（2014）参照。

6)　大野正道ほか「国際課税 2015 年 IFA 年次総会（バーゼル大会）報告会」租税研究 796 号 290-322 頁参照（2016）。

7)　Observatory on the Protection of Taxpayers' Rights <https://www.ibfd.org/ibfd-academic/publications/observatory-protection-taxpayers-rights-optr>（last visited May 30, 2023）．

8)　Center for Taxpayer Rights <https://taxpayer-rights.org/>（last visited May 30, 2023）．

9)　Juliane Kokott, Pasquale Pistone, *Taxpayers in International Law: International Minimum Standards for the Protection of Taxpayers' Rights*（2022）．

10)　2016，2017 年に OECD の税務行政フォーラムの行った 58 カ国の税務当局へのヒアリングによる調査である。OECD Forum of Tax Administration, *Tax Administration 2019: Comparative Information on OECD and Other Advanced and Emerging Economies,*. (2019). Annex A Table A. 123. Taxpayer rights.

11)　OPTR に参加する 40 カ国以上の 56 人の税務当局者や研究者からの回答と報告に基づいている。OPTR, *The IBFD Yearbook on Taxpayers' Rights 2021*, pp. 205-206（2022）．

12)　たとえば，有名な Sabou 事件（Jiří Sabou v. the Czech Republic Case C-276/12 22 Oct 2013: EHRC 2014/7）などがある。

13)　Kokott and Pistone, *supra* note 9, at 184.

14)　湖東京至「フランスの『納税者憲章』と国税通則法改正のあり方」北野追悼『納税者権利論の課題』601-624 頁（勁草書房，2012），中里・前掲注(1)11-17 頁参照。

15)　La charte des droits et obligations du contribuable vérifié <https://www.economie.

gouv.fr/dgfip/charte-des-droits-et-obligations-contribuable-verifie> (last visited May 30, 2023).

16) Statuto del contribuente <https://www.altalex.com/documents/codici-altalex/2013/09/10/statuto-del-contribuente> (last visited May. 30, 2023).

17) Giovanna Tieghi, The Italian Taxpayer Bill of Rights 15 years on 'at the top of the world'. But what about effectiveness? (paper presented at the 2015 Int'l Conf. on Taxpayer's Rights-Washington DC, at 12).

18) CFE PAC, Project Taxpayer Rights and Charters (Nov. 2019).

19) 前掲注(1)拙稿104-105頁，石村耕治「イギリスの納税者憲章を読む」TCフォーラム研究報告2020年第2号 (2020) 参照。

20) The HMRC Charter <https://www.gov.uk/government/publications/hmrc-charter/the-hmrc-charter> (last visited May. 30, 2023).

21) 前掲注(1)拙稿102-104頁，石村耕治「アメリカの連邦納税者権利擁護官サービス」TCフォーラム研究報告2020年第3号 (2020)，中村芳昭「租税徴収手続における納税者の基本的権利保障：アメリカ法との比較において」青山法学論集64巻2号1-100頁，山本直毅「租税手続法の課題である納税者の権利保護」本誌ほか参照。

22) 新納税者権利章典は，英語のほか，スペイン語，韓国語，中国語，ベトナム語，ロシア語などのほか日本語でも発行されている。詳細は，下記URLより日本語版を参照されたい。<https://www.irs.gov/pub/irs-pdf/p1ja.pdf> (last visited May. 30, 2023).

23) 前掲注(1)拙稿105-107頁参照。2020年よりオンブズパーソン (Ombudsperson) に名称変更されている。

24) Taxpayer Bill of Rights, Commitment to Small Business <https://www.canada.ca/content/dam/cra-arc/formspubs/pub/rc17/rc17-22e.pdf> (last visited May. 30, 2023).

25) 本稿脱稿後の2023年6月30日に納税者サービスの向上やデジタル化への対応などの内容を含んだ「当庁の憲章—あなた方への公約 (Our Charter-Our commitment to you)」が公表されている。新納税者憲章は，英語，日本語や中国語，スペイン語，インドネシア語，タイ語など25言語でも提供されている。詳細は下記URLより，日本語版を参照されたい。<https://www.ato.gov.au/General/Other-languages/In-detail/Japanese/Our-Charter---Japanese/> (last visited Jul. 30, 2023).

26) 長谷川博「韓国の納税者権利憲章の動向」ティグレ連合会『納税者の権利』26頁 (2018)，阿部徳幸「近時韓国における納税者権利保護の実態」(不公平税制をただす会，2019) 参照。

27) 拙稿（相澤拓也訳）「台湾における納税者権利憲章の立法化の紹介」税制研究59号92-103頁。

28) 岡村志嘉子「【台湾】納税者権利保護法の制定」外国の立法271-1号20-21頁 (2017)。

29) TAXPAYERS' CHARTER THE INCOME TAX DEPARTMENT <https://incometaxindia.gov.in/Documents/taxpayer-charter.pdf> (last visited Jul. 30, 2023).

30) 山下学「カンボジア王国の納税者権利憲章」立正法学論集30周年記念論集195-224頁 (2012)。

31) Kokott and Pistone, *supra* note 9, at 180-182.

32) *Id.* at 173-178.

33) OECD, *supra* note 2.

34) OECD, *Taxpayers' rights and obligations – a survey of the legal situation in OECD countries*（1990）.

35) 詳しくは，拙稿・前掲注(2) 16-24 頁参照。

36) モデル法の詳細は，拙稿・前掲注(4) 761-784 参照。なお，中村芳昭名誉教授監訳で本書の全訳が刊行予定。

37) 拙稿・前掲注(5) 433-466 参照。

38) モデル憲章の詳細については，TOWARDS GREATER FAIRNESS IN TAXATION A MODEL TAXPAYER CHARTER <http://www.taxpayercharter.com/index.asp>（last visited May. 30, 2023）参照。

39) 大野ほか・前掲注(6) 290-322 頁参照。

40) 前掲注(7) OPTR のウェブページ参照。

41) 拙稿・前掲注(3) 38-77 頁参照。

42) 前掲注(3)のウェブページ <https://ec.europa.eu/taxation_customs/business/tax-cooperation-control/guidelines-model-european-taxpayers-code_en>（last visited Jul. 30, 2023）.

43) 前掲注(8) CTR のウェブページ参照。

44) 本研究グループは，ILA の国際税法に関する研究プロジェクトとして，国際税法の基本原則や概念を明確化し，国際税法と国際法との関係を明らかにすることを目的としており，①納税者の権利，②課税権の分配，③執行の3つのフェーズに分けて研究を進めている。前述のピストーネ教授も，リーダーの1人として参加している。Kokott and Pistone, *supra* note 9, at 490-504.

45) *Id.* at 508-517.-

46) 本国際憲章の翻訳と詳細な紹介は，別稿に譲ることにする。

4 納税者支援調整官による苦情処理の現状と課題

平　石　共　子
（税理士）

はじめに

　1970 年代後半以降，欧米各国では次々と納税者権利憲章が制定され，また納税者保護法制が整備されてきた。さらに今日，こうした動きは，アジア，アフリカ諸国などを含め世界中に及ぶ。

　わが国においては納税者権利憲章案が様々な団体から出され，制定を求める声は高まり，運動が続けられている。納税者権利憲章をつくる会／TC フォーラムは，1993 年 4 月に結成以来，30 年余り納税者権利憲章の制定に向けて活動してきた。

　自由主義・市場経済を基本とする主要諸国で，納税者権利憲章の制定や納税者保護法制を整備していないのはわが国だけである。もちろん制定が急務であることは言うまでもない。

　しかし，納税者権利憲章が制定されたとしても万全というわけではない。納税者の権利を護るための様々な仕組みが必要である。

　納税者支援調整官は，国税庁が 2001（平成 13）年 7 月に新たにつくった納税者の苦情申出の受付けを専門に担当する部署である。

　納税者支援調整官は税務全般について，納税者の不平・不満などの苦情を聴いて対処してくれると，国税庁のホームページで紹介している。

　「納税者支援調整官の事務運営について（事務運営指針）」に基づいて運営されているが，この事務運営指針，さらに苦情処理実績などは公表されていない。本当に納税者の権利救済の仕組みとして機能しているのか。

　TC フォーラムは，納税者支援調整官が新設されてから 20 年を迎えた 2021

年に，情報公開法を使い開示請求を行い，納税者支援調整官について調査・報告をする納税者向けのパンフレットを作成した。この経験をもとに納税者支援調整官による苦情処理の現状と課題について報告する。

Ⅰ　国税庁の組織図と納税者支援調整官の所在

1　国税庁のホームページで，「国税庁の機構」として以下の図が掲載されている

納税者支援調整官が設置されてから 20 年以上が経過しているが，国民・納税者に知られているのだろうか。税理士に聞いてみると知らない人が多く，名前くらいは知っていたとしても利用・活用したという話は聞こえてこない。国税庁はホームページで次の表のように「国税庁の機構」の中に位置づけている。

図 1　国税庁の機構

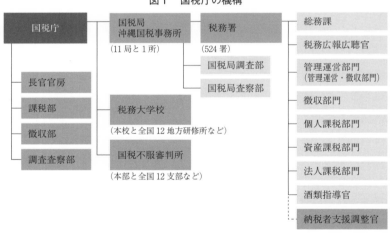

2　国税庁のホームページでは，次のように紹介している

> 　納税者支援調整官は，税務署，国税局及び国税庁の事務その他税務一般に関する不平，不満や困りごとに対し，納税者が適正かつ円滑に納税義務を履行するために必要な助言や手続きの説明，調整などを行っています。

3　納税者支援調整官についてのご案内

（1）納税者支援調整官の任務

　税務行政の運営に当たっては，申告納税制度が円滑に機能するよう，適正かつ公平な課税の実現に努め，納税者の理解と信頼を得ることが基本です。

　納税者支援調整官は，このような考えを踏まえ，税務署，国税局及び国税庁の事務その他税務一般に関する不平，不満や困りごとなどについて，納税者の視点に立って迅速かつ的確に対応し，税務行政に対する納税者の理解と信頼を確保することを任務としています。

（2）設置している国税局・税務署

　11国税局，沖縄国税事務所及び税務署に設置しています。

II　納税者支援調整官は，財務省組織規則で設けられている

　納税者支援調整官は，国税庁のホームページで国税庁の組織図の中に位置づけられているが，点線で表示されているのにはどんな意味があるのだろうか。課税庁の国税職員とは異なるともとれるが，独立した部署とはいいがたい。

　令和1年から令和4年の4年間にわたる東京国税局の納税者支援調整官の就任前と後の役職について，八代司税理士の調査報告によれば，12人のうち納税者支援調整官に1年ないし2年就いたのち，税務署副所長に就任した者が2人，総務課長に就任した者が9人，消費税課課長補佐が1人だった。では，就任前の役職はというと，課税2部消費税課実務指導官，局査察広域課査察起動専門官，局審理課総括，局課2部料調国際専門官，徴収1部門統括官など多岐にわたる。いずれにしても，東京国税局内の異動であり，みな昇格している。

　憲法は租税法律主義の原則を定め（30条，84条），この原則のもと，税に関する重要な事項についてはすべて法律で定めなければならない。

　しかし，納税者支援調整官は，法律の定めではなく行政府である財務省が定める規則により設けられている。国税局の総務部・内部組織の項目で規定して

いる。

　納税者支援調整官は，財務省組織規則により設けられ，次のように規定して
いる。

財務省組織規則 466 条の 2 第 1 項・第 2 項

　　　　総務部を通じて納税者支援調整官 73 人以内を置く。

　　2　納税者支援調整官は，命を受けて，税務一般に関する納税者からの苦情
　　　に関する事務のうち当該納税者が適正かつ円滑に納税義務を履行するた
　　　めに必要な助言及び教示並びに調整に関する事務を処理する。

財務省組織規則 536 条の 2

　　　　沖縄国税事務所に，納税者支援調整官 1 人を置く。

　　2　納税者支援調整官は，命を受けて，第 466 条の 2 第 2 項に規定する事務
　　　を処理する。

Ⅲ　納税者支援調整官の仕事は「事務運営指針」による

　納税者支援調整官がどんな仕事をするかについては，国税庁長官が各国税局
長及び沖縄国税事務所長あてに通達する「納税者支援調整官の事務運営につい
て」（事務運営指針）による。

　平成 13 年 6 月 29 日付で，平成 13 年 7 月 10 日以降は，これにより適切
に運営されたい。
（理由）
　財務省組織規則の一部を改正する省令（平成 13 年財務省令第 47 号）によ
り，各国税局に納税者支援調整官が新設されることに伴い，その職の事務
運営の基本的事項を定めたものである。

　この事務運営指針により，2001（平成 13）年 7 月，納税者支援調整官の運営
がスタートした。

　なお，この事務運営指針は非公開の文書である。情報公開の開示請求をして

初めてわかるものである。その後毎年のように一部改正が行われているが，これは納税者支援調整官の局別の数の変動によることが多い。財務省組織規則では74人以内（国税局73人以内，沖縄国税事務所1人以内）とあるが，配置の調整が行われており，2021年11月の調べでは，次の表のとおりである。署派遣納税者支援調整官は地域担当運営を行う。しかし，必要に応じて局納税者支援調整官についても地域担当運営を行うこととして差し支えないとする。これは国税局によっては署派遣が配置されていない場合もあるので当然といえる。当分の間，納税者支援調整官の下には職員を配置しないとあり，新設以来変わっていない。それぞれ単独で仕事をしている。なお，納税者支援調整官が派遣配置されていない税務署の総務課長は苦情等の適切な対応に努めることになっている。

納税者支援調整官の派遣先税務署及び配置人数

	定数	国税局配置	税務署派遣	派遣先税務署
札幌国税局	3	3	—	—
仙台国税局	7	1	6	青森，盛岡，仙台北，秋田南，山形，福島
関東信越国税局	9	3	6	宇都宮，川越，川口，所沢，新潟，長野
東京国税局	14	4	10	千葉東，松戸，麹町，芝，新宿，東京上野，渋谷，立川，横浜中，藤沢
金沢国税局	3	1	2	富山，福井
名古屋国税局	9	2	7	岐阜北，静岡，浜松西，熱田，豊橋，小牧，津
大阪国税局	10	2	8	大津，下京，堺，豊能，枚方，東大阪，姫路，西宮
広島国税局	6	2	4	松江，岡山東，福山，下関
高松国税局	3	1	2	松山，高知
福岡国税局	3	3	—	—
熊本国税局	3	1	2	大分，鹿児島
沖縄国税事務所	1	1	—	
計	71	24	47	

2021年11月各国税局HPより作成

Ⅳ　納税者支援調整官の職務

　2021（令和3）年7月1日付で通達された事務運営指針をもとに，納税者支援調整官の職務及び仕事の流れのポイントを述べる。

1　署派遣納税者支援調整官の職務
　納税者支援調整官は，財務省組織規則（平成13年財務省令1号）大466条の2第2項の規定に基づき，次に掲げる事務を処理する。
（1）　納税者等からの苦情等について，当該納税者が適正かつ円滑に納税義務を履行するために必要な助言を行うこと
（2）　納税者等からの苦情等が国税に関する法律に基づく処分移管するものである場合は，不服申し立てその他の国税に関する法令等に定める権利救済手続きの教示を行うこと
（3）　納税者等からの苦情について，その処理責任者が不明である場合その他処理責任者への引継ぎが困難又は不適当である場合に，その苦情等の窓口になること
（4）　上記（1）から（3）までに掲げる事務に関し，必要な調整を行うこと

2　局納税者支援調整官の職務
　局納税者支援調整官は，次に掲げる事務を処理する。
（1）　署派遣納税者支援調整官の処理する事務の総括に関すること
（2）　局の所掌に係る納税者等からの苦情について，上記1（1）から（4）までに掲げる事務を行うこと
（3）　地域担当運営を行う場合において，対象署の所掌に係る納税者等からの苦情等について，上記1（1）から（4）までに掲げる事務を行うこと

Ⅴ　苦情等に対する仕事の流れ

1　納税者等から苦情等の申し出を受けた場合
（1）　納税者等から苦情等の内容を懇切かつ丁寧に聴取する。

この際,「苦情等事案整理票」(以下「整理票」という)を作成する。

(2)　上記(1)により聴取した苦情等の内容に基づき,速やかに当該苦情等に係る担当部門の職員又は統括官等から事情を聴取するなど事実関係を確認し,必要に応じ処理責任者及び関係部門等とも協議した上で対応方針を決定する。

(3)　上記(2)により確認した結果を当該納税者等に迅速かつ正確に説明するとともに,決定した対応方針を実施し,円滑な解決に努める。

(4)　上記ハによっても当該苦情等の対応が終了しない場合には,統括官等又は処理責任者との面会の機会の設定その他必要な措置を講ずる。

(5)　上記(1)から(4)までに掲げる事務処理を進めるに際しては,当該署の総務課長及び局納税者支援調整官と綿密な調整を行うとともに,統括官等又は処理責任者に対し当該苦情等の解決のための助言・指導等を行い,その処理が完結するまで確実にフォローアップする。

(6)　決定した対応方針の実施等により当該苦情等への対応が終了したときは整理票に処理のてん末を記載し,処理管理者に報告する。

2　苦情等の申出があってから,原則3日以内に処理

納税者等から苦情等の申出があった場合には,迅速な対応に努めることとし,当該申出があった日(国税庁ホームページ等に書き込みがされた場合には,当該書き込みがあった場合には,各部署に回付された日のいずれか早い日)の翌日から起算して,原則として3日以内(祝日,休日等を除く)に処理する。

なお,3日以内の処理が困難な場合は,当面の対応方針を決定の上,当該納税者等に対し速やかに連絡する。

3　苦情等事案整理票の作成と報告

担当して対応した苦情等について,処理の進展の都度,処理の経緯及びてん末について,局納税者支援調整官を経由して局総務部総務課長に報告する。この報告は,作成した整理票の回付により行うことを基本とする。

4 その他の役割

（1） 派遣先署及び対象署の苦情等の処理に関連し，その苦情等があった税務署の署長に対して，随時意見をすることができる。

（2） 必要に応じて，苦情の未然防止等のための職員研修を税務署の職員に対して実施する。

5 国税庁総務課への報告

納税者支援調整官の事務運営の参考とするため，局納税者支援調整官は，各納税者支援調整官の実績等を取りまとめの上，上半期分（7月から12月）については翌年1月31日，下半期（1月から6月）については7月31日までに，一元的な文書管理システムにより国税庁総務課調整第1係宛報告する。

6 局派遣監督評価官室への連絡等

納税者等からの苦情等の処理に当たり事務運営の改善等を検討する必要があると認めるときは，局派遣監督評価官室にその旨を連絡する。また，必要に応じて担当主管課へ問題提起・提言をする。

※監督評価官室とは，国税庁の事務運営を総合的視野に立って検討し，税務行政の刷新改善に資するための事務監察と，実績の評価に関する事務の実施を担当しています。国税庁の実績の評価は，国税庁の使命並びに国税庁の事務の実施基準及び準則に則して，財務大臣が作成・公表する「国税庁実績評価実施計画」に基づき実施しています。（国税庁ホームページより）

7 国税庁実績評価実施計画について

令和3事務年度の国税庁が達成すべき目標ごとの施策及び測定目標の，業績目標1-3-2「相談等への適切な対応」が設定されている。そして，令和4事務年度においては，定量的目標に位置づけられ，主業「苦情の3日以内の処理件数割合」に変更となっているが，これは項目の変更であり内容の変更ではない。

国税庁では，毎年6月末までに，翌事務年度の「国税庁実績評価実施計画」

を策定,「国税庁実績評価事前分析表」を作成・公表し, 毎年 10 月頃に, 前事務年度の実施計画に基づく「国税庁実績評価書」を作成・公表している。

　令和 3 事務年度の国税庁実績評価書が令和 4 年 10 月に公表されている。評価結果については, 目標値 90 に対し実績値 95.7 とあり, 測定指標の達成度が「○」であったことから「S　目標達成」としたとしている。出所は長官官房総務課調とあり, 実績値は納税者の都合により 3 日以内に処理できなかったものを除いて算出していると注書きがある。全体の件数が何件あって, そのうち納税者の都合により 3 日以内に処理できなかった件数など具体的な数値が示されていない。平成 29 年度, 30 年度, 令和 1 年度, 2 年度も目標値 90 に対し実績値は 94, 93.9, 93.9, 95.4 とすべて目標を達成していると評価している。

VI　国税局へ苦情等事案整理票の開示請求を実施

　2021（令和 3）年 4 月, 情報公開法に基づき東京国税局及び関東信越国税局に対し, 直近の事務年度《2019（令和 1）年 7 月〜2020（令和 2）年 6 月》について, 苦情等事案整理票の開示請求を行ったところ, 開示を受けた。

　そこで, さらに 1 年前の事務年度について開示を求めたところ, 東京国税局からは開示があったが, 関東信越国税局からは開示がなかった。関東信越国税局に理由を尋ねたところ, ①保管期間 1 年以内に分類されている, ②紙の書類はデータ保存することは決まっていない。廃棄して保存していないため開示できないとの回答だった。

　この点について, 国税庁行政文書管理規則（国税庁訓令 1 号）があり, その 15 条で保存期間について規定され, 別表第 1「行政文書の保存期限基準」が定められている。別表第 1「22」文書の管理等に関する事項で,「常用（無制限）」なし 5 年となっている。

　各国税局で違いがあるのか疑問を持ったので, 大門実紀史参議院議員（当時）のもと国税局職員との面談に同席し, 次の回答を得た。

　「国税庁文書管理規則」の別表 1 の備考欄に「五　本表が適用されない行政文書については, 文書管理者は, 本表の規程を参酌し, 当該文書管理者が所掌す

る事務及び事業の性質，内容等に応じた保存期間基準を定めるものとする」と記載されており，これを受けて「国税庁標準文書管理期間基準」を定めている。

　その結果，「軽易な事項に係る意思決定又は確認を行うための書類」に分類され，保存期間1年とされていたのである。

　その時に，「納税者支援調整官の事務運営について（事務運営指針）」が公開されていない理由について質問したが，明確な理由はないという回答であった。

　その後，2022（令和4）年7月，全国税局11及び沖縄国税事務所に令和2事務年度及び令和3事務年度の苦情等事案整理票の開示請求を行い，次ページ表のような開示があった。

　併せて，国税庁総務課が保有している全国の合計値の提供を受けた。当該件数は公表していない。苦情等事案整理票は，すべての苦情等事案について作成するわけではなく，その場で解決し引継ぎを要しないものなど作成しない場合もあるので，当該件数が，国税当局が受けた苦情等件数の全数でないとのコメントがあった。

　この件数は暦年の数字であるが，それにしても各国税局，沖縄国税事務所から情報開示を受けた整理票の件数と乖離があり，その理由については解明できていない。

○国税庁標準文書保存期間基準（抜粋）

索引番号	大分類	索引番号	中分類	名称（小分類）〈具体例〉	編さん区分	保存期間	保存期間満了時の措置
14	共通（その他）	76	軽易な事項に係る意思決定又は確認を行うための書類	・事務連絡等（簡易） ・行政文書等持ち出し整理簿 ・行政文書等持ち出し整理票 ・厚生異動関係書類引継（引受）書 ・資料せん【送付，引継，交付…】書 ・苦情事案整理票 ・海外渡航承認申請書 ・質問障害等連絡票 ・個人番号解明対象者リスト	事務年度，会計年度，暦年等	1年	廃棄

○苦情等事案整理票の件数

国税局等	令和2事務年度	令和3事務年度	備考	
			平成30事務年度	令和1事務年度
札幌国税局	1	1		
仙台国税局	0	0		
関東信越国税局	7	9		11
東京国税局	12	3	39	14
金沢国税局	2	1		
名古屋国税局	11	13		
大阪国税局	57	32		
広島国税局	1	0		
高松国税局	0	0		
福岡国税局	0	0		
熊本国税局	0	0		
沖縄国税事務所	0	0		
合計	91	59		

※各国税局より情報公開により入手

○苦情等事案整理票の作成件数の推移

	件数
平28.4～平29.3	375件
平29.4～平30.3	423件
平30.4～平31.3	371件
平31.3～令02.3	246件
令02.4～令03.3	223件

※2021年9月29日，国税庁総務課より入手

国税庁において保有している全国の合計値を
国税庁総務課より入手したが，当該件数は公
表していないという。
「なお，苦情等事案整理票は，すべての苦情
等事案について作成するわけではなく，その
場で解決し引継ぎを要しないものなど作成し
ない場合があるので，当該件数が，国税当局
が受けた苦情等の全数でないことを申し添え
ます」とのコメントあり。

Ⅶ 苦情等事案整理票の事例

苦情等事案整理票のフォーマットは 96 ページを参照

1．受付日
2．申出人の住所・氏名
3．形態：電話・メール・投書・面接
4．事業の概要
5．受理者：氏名・部・署／課・部門
6．苦情等の概要
7．事実確認等
8．処理てん末
9．再発防止策等
10．苦情類型：事務処理誤り等・誤指導・誤発送・応接態度・所在不明・その他

苦情類型	類型	形態	事案の概要	処理てん末・再発防止等
① 応接態度	苦情	電話	総合受付の非常勤職員及び相談担当職員から不親切かつ自分本位の対応をされて不快であった。署としての改善策を示してもらいたい。	署の一連の対応で不快に感じられた部分に関して謝罪。今回対応した非常勤職員及び職員に対して注意・指導を行うとともに，職員全体に注意喚起を図り，応接態度の改善に取り組むとの報告を伝えた。
② 応接態度	苦情	電話	納税証明の発行が遅すぎるうえ，執務室からは職員の笑い声が聞こえていた。組織として改善すべきだ。	局納税者支援調整官として，千葉東税務署幹部に申し出内容を確実に伝え，事実を確認したうえで，証明書作成時の誤入力及び確認者の見落としについて並びに職員の勤務態度について，再発防止に向けた注意喚起を行い，継続して組織改善に取り組む旨伝え，おおむね理解を得られた。
③ 応接態度	苦情	電話	調査における手続き不備及び担当者の言動に対する苦情	税理士からの申し立て。関与先の相続税調査事案は，事前通知がされておらず無効である。また，接触時の調査担当者の言動は税理士の立場を尊重しない等納得できない。上司である統括官も事前通知について税理士事務所に落

				ち度があったような主張を繰り返した。支援官からは、「個別案件ですから、担当者とよく話をするように」と話を聞いてもらえなかったという。これに対し、謝罪し、日程調整をして11月27日に臨場日時が決まった。
④ 応接態度	苦情	電話	印紙税の質問をした際、職員から「わからない」、「契約書をFAXで送れ」と偉そうに言われるなど、不適切な対応をされた。	翌日契約予定の書面にかかる印紙税の税額の質問だったため、書面の送信を依頼するも、丁寧さに欠ける職員の対応が原因で苦情を受けた。支援官が申立人と面談し、改めて謝罪し、おおむね納得が得られた。
⑤ 誤指導	苦情	電話	確定申告書の提出の際、添付書類は不要といわれ持ち帰ったが、昨年までは提出しており不安に思い再度、来署した。説明誤りで2度税務署に行くことになったため、交通費を負担してほしい。	職員の誤った説明により迷惑をかけたことについて、改めて謝罪。交通費の負担はできない。申し出内容は税務署に伝え、注意喚起を図る旨伝えたが、理解を得られなかった。
⑥ その他 ※誤指導	苦情	電話	職員の説明誤りにより、必要のない登記事項証明書を取得させられたのだから、手数料を弁償してほしい。	対応した職員が申出人が手元に保有していた書類に関する十分な確認と説明ができなかった点について謝罪。弁償はできない旨を繰り返し説明するも理解を得られず。
⑦ 事務処理 誤り等	苦情	電話、面接、メール、投書	還付処理の事務処理遅延及び職員の対応に対する苦情	31.2/11 電子申告、3/7 添付書類郵送、事務処理停滞、進行管理不十分による処理遅延、5/7 還付金の支払い決定。事実関係を説明し、行田署及び局の不適切な対応を謝罪したところ、理解が得られた。
⑧ その他	苦情	面談	相続税申告書の添付書類（遺産分割協議書）の閲覧を求めたところ古いものなので今はない。局に相談してほしいといわれた。見られないのであれば理由を説明してほしい。	保存期間10年満了のため廃棄済みであることが確認された。来署時の説明が不十分だったことについて謝罪した。納税者の意図に即した的確な説明を行うよう、署内での周知を図る。
⑨ その他	苦情	電話	徴収事務における違法性等の申し出	国税職員が突然留守宅を訪問し、敷地内に勝手に入ったり、近所に国税が来たと話すことは違法ではないか。申出人が不安・不振に感じた点について

				は，部分的に謝罪した。今後の滞納処分について説明したところ，了解を得られた。
⑩ 応接態度	苦情	電話	徴収職員の高圧的な態度等について	税理士からの申し立て。関与先法人に徴収担当職員が訪れ，取引先（滞納者）が同社に有する売掛金の差し押さえをする申し出があった。徴収職員は終始高圧的な態度で，かなり大きな声で「今日は差し押さえをする」といい，差し押さえ後における影響，効果等について専門用語を並べ立てられ理解できなかった。一連の対応を謝罪。職員の改善指導を徹底することを説明し理解が得られた。

Ⅷ 最後に

　納税者支援調整官が処理した苦情状処理についての現状から，今後の課題について検討する。

1　納税者支援調整官の位置づけが法律によるものではなく，財務相組織規則により設置されていることにより，国税局の行政内部の人事異動によって配置されている。
納税者等が苦情等を申し出た場合に，苦情等の内容を懇切かつ丁寧に聴取はされているが，第三者機関でないので，苦情等に係る担当部門の職員又は統括官等から事情を聴取するなど事実関係を確認すると手順が決まっているが，客観的事実確認ができているかは，不確かである。
　また，苦情等を申し出た納税者等に対して，納税者支援調整官が謝罪をするケースが多く見受けられるが，本来苦情等を受けた担当部門の職員や責任者が謝罪するべきではないだろうか。

2　納税者支援調整官の事務運営指針は公開されていないため，具体的に何をしてくれるのか，納税者等に知られていない。公開する必要がある。

3 対応した納税者支援調整官により苦情等事案整理票が作成され，局総務部総務課長に報告されることになっているが，この整理票は1年で廃棄される文書の扱いで，処理件数やどのような苦情があったかなど，整理票を作成しても生かされていない。

4 納税者支援調整官は，苦情等があった税務署の署長に対して，随時意見をすることができる，必要に応じて苦情の未然防止等のための職員研修を税務署の職員に対して実施するとあるが，行われた実績等が報告されていない。

筆者は，この6月に税務調査の実施中に反面調査を複数件受け，仕入れ先との取引ができなくなった，家族の状況などを取引先に質問され，どんな税務調査を受けているのかと不信を待たれ困っているという相談を受けた。調査官への抗議を行い，これ以上の反面調査をしないように要請した。しかし，調査官は悪びれた様子が見られず，反面調査の正当性を主張するばかりであった。そこで，納税者支援調整官に電話を入れ，事の詳細を説明した。しかし，支援調整官は，最初にすべき「納税者等からの苦情等の内容を懇切かつ丁重に聴取する」という態度が感じられなかった。質問が多く，事実関係の確認をしてから，確認した結果を納税者等に迅速かつ正確に説明する手順のはずが，後で連絡をもらえるか質問したところ，該当の税務署に連絡をしてこれで終了といわれた。納税者支援調整官の教育がされていないのではないかと思った。

現状の納税者支援調整官の透明化を図り，公開することで納税者の権利を護る仕組みとして幾ばくかの活用ができるのではないかと考える。しかし，国税庁に納税者支援調整官を積極的に活用していこうという方針が見られない。このままでは形骸化することも予想される。

納税者権利憲章の制定及び諸外国の例にならい納税者保護官制度やオンブズパーソン制度の制定が急務である。

苦 情 等 事 案 整 理 票

整理番号：

受付日	年 月 日（ ）	時間	： ～ ：	類 型	苦情・見込・その他

申出人	住所			形態	電話・メール・投書・面接・（　　）
	氏名		Tel		メールアドレス	@

事案の概要		受理者	氏 名	
			部・署	課・部門

<table>
<tr><td rowspan="4">苦情等の内容</td><td></td></tr>
<tr><td></td></tr>
<tr><td></td></tr>
<tr><td>担当係長（統括官等）</td></tr>
</table>

回 付	／	担当部門		参考回付先	・ ・ ・

受 理 報 告	総務部長（副署長）	／	総 務 課 長	／

<table>
<tr><td rowspan="3">事実確認等</td><td>日 時</td><td>確 認 内 容</td></tr>
<tr><td></td><td></td></tr>
<tr><td></td><td>支援官連絡　無・有：／　連絡先　支援官</td></tr>
</table>

<table>
<tr><td rowspan="5">処理てん末</td><td>日 時</td><td>処 理 （ 回 答 ） 内 容</td></tr>
<tr><td></td><td></td></tr>
<tr><td></td><td></td></tr>
<tr><td></td><td></td></tr>
<tr><td>処理責任者</td><td>処理完結日　／　処理日数　　日</td></tr>
</table>

再発防止策等	

処理報告	局長（署長）	／	部長（課長）	／	総務課長	／

総務課回付		支援官回付		査察指導官室連絡	否・要：／	総務部課室回付	否・要：／

※総務部課室回付欄　　　一

※支援官整理欄

苦情類型	事務処理誤り等・誤指導・誤発送・応接態度・所在不明・その他（　　）	関与形態	支援官対応・助言等

96

5 人的資本会計が税務会計に与える影響

宮 崎 裕 士
（熊本学園大学）

I はじめに

　近年，人的資本の開示への国際的取組みが注目されている。例えば，2018年12月に国際標準規格としてISO（国際標準化機構）30414（人的資本開示ガイドライン）が整備され，また，2020年8月にアメリカのSEC（証券取引委員会）で，人的資本管理に関連する開示規定（Regulation S-K, Item 101（c））が新設されたのは記憶に新しい。

　わが国でも，2021年6月に改訂された改訂コーポレートガバナンス・コードにおいて，企業の取締役会が検討すべき課題に「人権の尊重」が明記され，「人的資本」の開示への取組みが期待されている。

　人的資本とは，「労働者が持つ能力・知識・技能などの総称であり，機械などの物的資本と同様に生産活動に寄与するが，労働者に体化されるという特徴を持つ」ものとされる。ISO30414では，企業のコンプライアンスと倫理，コスト，ダイバーシティ，リーダーシップ，組織文化，組織の安全衛生と幸福，生産性，採用，流動性および離職，スキルとケイパビリティ，後継者育成計画，および労働力の利用可能性という9つのカテゴリーについて，外部又は内部のステークホルダーに対する測定指標を定めている。

　つまり，人的資本と一言にいっても，取り扱うべき課題は多岐にわたり，人的資本の認識・測定および開示は，財務会計の範疇であるものの，これまで非財務情報と位置付けられてきた。なぜなら，人的資本の資産計上については，ヒトの能力が直接的に貨幣的評価されることを想起され，人権との関わりが深くなることと，その資産性そのものに疑義があり，特に人的資源会計として会

計上の課題となっていたからである。

　さらに，資産計上の会計処理においても，費用化の適否のみならず，償却方法や期間についてヒトの自由意思が介在するところであるため，多大な制約を受けることになる。また，その制約により，従業員や役員の個々の能力が，企業に付加価値を生じさせているという認識はあったにせよ，従業員や役員の給料や報酬という企業の通常の販管費と分離して考えざるを得ないものとなっていた。

　この点，わが国の人的資源研究の大家である若杉明氏は，その著書である「人的資源会計論」の中で，「人的資源会計を実施することにより，経営者や管理者に，①人的資源の貴重さをあらためて正しく認識せしめ，また②個々の人達がその一因として働く人的組織の性格いかんが従業員一人一人の生きがいや勤労意欲に影響を及ぼし，これが結局において企業の経営成績を左右することを理解せしめて，組織のあるべき姿を正しく認識せしめることである[1]」と述べており，前掲した「組織の安全衛生と幸福」が意識されている。近年の人材マネジメント研究においても，企業価値創造の源泉として物的資産よりも人的資産の重要性が高まっていることや，株主重視型資本主義に対抗するステークホルダー型資本主義の台頭によって，物的資本を提供する株主・債権者だけでなく，人的資本を拠出する従業員も重要なステークホルダーとして認識することと連関する。つまり，人的資本の貸借対照表能力問題が再燃している背景には，株主資本だけではなく，従業員を含めたステークホルダー全体の資本に責任を持つ会計思考がある。

　上記のステークホルダー全体を資本とする視点は今般政府が推し進める「新しい資本主義」にも共通するが，人的資本の会計処理については，株主資本に基づく利益計算の下で，分配可能額計算を前提とした無形資産として歴史的原価から評価する方法と，貸方である株主資本にとどまらない企業価値の増減として将来の企業効益につながるかという点から評価する方法として差があることが理解できる。

　これらを踏まえて，人的資本会計が税務会計にどのような影響を与えるかという研究は，まだあまり進んでいないように思われるため，本稿では主に①企

業活動における人的資本と人権問題，②人的資本会計における人的資本のオンバランスに関する問題，③人的資本のオンバランスが税務会計に与える影響について考察を深めていきたい。

Ⅱ　企業活動における人的資本と人権問題

1　「ビジネスと人権」とは何か

　企業活動の人権への影響は社会にもたらす影響の1つであるとの認識が高まる中，2008年に，国連人権委員会のラギー特別代表は，「保護，尊重及び救済」枠組みを第8回国連人権理事会へ提出した。これは，企業活動が人権に与える影響に係る「国家の義務」および「企業の責任」を明確にすると同時に，被害者が効果的な救済にアクセスするメカニズムの重要性を強調するものであった。また，同代表は，当該枠組みを運用するため，2011年「ビジネスと人権に関する指導原則：国連『保護，尊重及び救済』枠組みの実施[2]」（以下，「指導原則」という。）を策定した。

　この「指導原則」に基づき，わが国の行動計画では，関連する取組みについて，①人権方針の策定②人権デュー・ディリジェンスの実施③救済メカニズムの構築の3つの観点から分類し，体系立てて整理することとしている[3]。

　近年，サステナブル投資は拡大しており，機関投資家も，企業との建設的な目的を持った対話に積極的に取り組んでいる。投資家は企業による人権分野の取組みの情報開示と，それに基づく対話を期待している。この関連では，種々の金融分野の国際的なイニシアティブにおいても，「ビジネスと人権」の議題が取り上げられており，例えば，国連責任投資原則は，ESG投資の主要な要素の1つとして人権を位置付けており，「ビジネスと人権」はESG投資の中でも重要な取組みの1つとなっている[4]。

　したがって，企業の開示情報としての人権の役割について次節で考察を行う。

2　「ビジネスと人権」における企業の人権関連情報開示の意義

　企業の人権関連情報において何を開示するべきか，投資家において何が有用な情報かという基準として「指導原則」16が掲げているものに，「中核的労働

基準⁵⁾」がある。これは，1998年のILO第86回総会で採択された「労働における基本的原則及び権利に関するILO宣言」に基づくものである。

　加えて，企業は，自らの事業活動に関連して人権を侵害しないために，人権デュー・ディリジェンス⁶⁾を実施する必要がある。また，人権デュー・ディリジェンスのプロセスを通じて，ステークホルダーとの対話を行い，実効性を高めていくことが重要である。これは，企業のサステナビリティ情報として位置付けられる⁷⁾。

　企業における守られるべき人権としては，主なものとして差別的取扱いの禁止（法の下の平等）⁸⁾や最低賃金の保証，職業選択の自由⁹⁾があると考えられる。また前掲した「組織の安全衛生と幸福」には，幸福追求権¹⁰⁾も生じる。

　企業の労働者の人権に関して最高裁によって示された解釈としておそらく最も重要なものは，小売市場事件判決（最大判昭和47年11月22日刑集26巻9号586頁）における「憲法は，全体として，福祉国家的理想のもとに，社会経済の均衡のとれた調和的発展を企図しており，その見地から，すべての国民にいわゆる生存権を保障し，その一環として，国民の勤労権を保障する等，経済的劣位に立つ者に対する適切な保護政策を要請していることは明らかである。」という判示である。

　これは，憲法27条1項の勤労権の保障と憲法25条の生存権の保障をもって，憲法の理想としての福祉国家を実現するという明確な連関を示したものとして捉えることができる¹¹⁾。また，憲法27条1項が勤労を義務であるとも規定していることに鑑みれば，労働を意欲する者に与えられるべき水準は，生活保護が想定する水準とは切り離して構想されるべきものであり，憲法は，労働を意欲する者に対して，労働を意欲する者にとっての「健康で文化的な最低限度の生活」を要請していると考えるべきである¹²⁾。

　上記に関連して，法務省「今企業に求められる『ビジネスと人権』への対応」¹³⁾では，「企業活動に関連する人権に関するリスクの事例」として，「使用者が予め労働契約や就業規則で定められた賃金を，所定の支払日に支払わないこと」，「使用者が法律で定める最低賃金額に関わらず，労働者とその家族が基本的ニーズを満たすために十分な賃金（生活賃金）の支払いを行わないこと」が挙げ

られている。

　これらは，近年の人材マネジメント研究では，ウェル・ビーイング（well-being）として注目されているものでもある。ウェル・ビーイングの構成要素としては，⑴健康（Health-related well-being），⑵社会的関係性（Social relation-ship well-being），⑶幸福感（Happiness well-being）の3つのカテゴリーに分類されることが多い。[14]

　ウェル・ビーイングが注目される背景には，人的資本を拠出する従業員も重要なステークホルダーとして認識すべきという声が高まっている[15]と同時に，旧来からヒトの「組織の安全衛生と幸福」を追求する上で重要とされていた[16]ということがある。

　以上までで，人権と人的資本において特に企業への投資活動に関わるものとしては，①雇用および職業における差別の排除，生活賃金の保障，および「組織の安全衛生と幸福」を満たす労働環境と，②人権デュー・ディリジェンス情報ということになる。

　①については，従業員や求職者のための情報ということにもなるが，②による負の影響を特定し対処するために行った活動は，企業のリスク開示情報となる。[17]

　このように，人的資本の開示は，企業価値の増減を基準とするものとなっている。しかし，その内容としては，企業が人的資本として将来の成長・収益力を確保するための必要な人材や，その獲得や職業訓練についての具体的取組みという人権関連の情報開示になり得るため，「組織の安全衛生と幸福」を満たすためのウェル・ビーイングがその基準となり得る。この点，人的資源と企業利益の増減，あるいは人的資本と企業価値の増減の関連性がどのように会計上表現されてきたのかについて，以下考察したい。

Ⅲ　人的資源および人的資本の会計上の意義

　令和2年9月に公表された人材版伊藤レポート2.0には，以下のような記述がある。

　人材は，これまで「人的資源」と捉えられることが多い。この表現は，「既に

持っているものを使う，今あるものを消費する」ということを含意する。この
ため，「人的資源」という捉え方を出発点とすれば，マネジメントの方向性も，
「いかにその使用・消費を管理するか」という考え方となり，人材に投じる資
金も「費用（コスト）」として捉えられることとなる。しかし，人材は，教育や
研修，また日々の業務等を通じて，成長し価値創造の担い手となる。また，企
業が目を配るべき対象は，現在所属している人材だけではない。事業環境の変
化，経営戦略の転換に伴い，必要な人材を外部から登用・確保することも当然
ありうる。このため，人材を「人的資本」として捉え，「状況に応じて必要な人
的資本を確保する」という考え方へと転換する必要がある。こうした捉え方の
下では，マネジメントの方向性も「管理」から人材の成長を通じた「価値創造」
へと変わり，人材に投じる資金は価値創造に向けた「投資」となる[18]。

　当該記述からは，企業の人材への教育関連支出や，それによって従業員が身
に着けたスキルは，価値創造としての投資の成果，つまり付加価値となること
を示している。

　人的資源会計とは，概説すると人的資源そのものに価値を見出し，それに資
産としての認識・測定・評価をどのように位置付けるかという会計の体系のこ
とである。また，人的資源をどのように認識するかの見解には，ア．個人価値
説[19]，イ．人的組織価値説[20]がある。また，個人価値の測定にあたっては，一般に
犠牲価値的評価基礎（当該個人における募集，採用，教育訓練等における歴史的原
価による把握）が有用であるとし，効益価値的評価基礎（例えば成果）は適用が
困難であるとされる。しかし，その採用背景としては，日本型雇用環境と日本
型経営が基礎にあることを指摘しておきたい。

　これに対して，人的資本会計は，例えば，個人の教育や学歴などを人的資本
と捉えることがあるが，これは個人に属する知的財産であり，企業の支配や管
理が及ばない。法的にも，従業員の職業選択の自由，退職の自由を否定するこ
とはできない。しかし，会計上の資産の定義としては，将来のキャッシュフロ
ーをもたらす経済的資源であると同時に，企業の「支配」を必要とする。その
ため，人的資本を企業視点で貸借対照表に計上すること自体容易ではないこと
になる[21]。他にも，人権からの視点として「人的資本に対する役割期待の増大に

伴い，従業員の労働安全衛生に対する重要性が指摘されていたり，企業がどのように従業員に質の高い仕事や生計を維持するのに十分な仕事を提供できるかが問われていたり，従業員に雇用不安のリスクが移転されている点が問題視されており，サプライチェーンのなかで従業員の人権侵害が起きていないか」[22]が注目される。しかし，具体的に人的資本の何が企業価値を高めるかについては記述がない。もっとも，丸井グループは「人材への投資額」として従業員の採用・研修に係る具体的な支出額や内訳を公表しており[23]，入社後の社員への教育研修投資として，現行制度下では期間費用として処理されているものの，企業全体としての無形知識の向上・蓄積を貸借対照表上で表現することは不可能ではない[24]。

1　人的資源および心的資本に共通する資産からのアプローチ（繰延資産）

結局，人材への投資は，評価方法等の様々な制約のためオンバランスすることができず，その代替として，人的資本や人的資本マネジメントに関する非財務情報の開示の拡充化によって対応されてきた。つまり，人的資本と人的資源との異同とは，必ずしもオンバランスを指向せず，非財務指標の開示で対応したものが人的資本であり，他方で，オンバランスを前提とし，その方法を模索したのが人的資源のように見受けられる。

人的資源の支出は毎期の正常な賃金給料がその主たる部分を占め，既に提供され，費消された労働用役に対する支出，あるいは労働用役の再生産のために費やされた支出，将来の従業員の生活補償のための引当額等をそれから除いたものが投資となり，将来の期間にわたって企業に効益をもたらすと期待される部分となる。つまり，繰延資産として計上されることが予定される[25]。

これに対して，人的資本投資における貸借対照表計上については，個別の会計基準に基づくアプローチとして，借方の観点と貸方の観点からのアプローチがあるとされる。具体的には【図表1】のとおりである。

人的資本投資のオンバランスにおける借方の観点からのアプローチとしては【図表1】の①と③があるが，③はその内容として，超過利益部分を資産として純額計上しようというものである。これは，ヒトへの投資は，直接企業価値

【図表1】 人的資本投資のオンバランスに関する会計的問題

人的資本に関する会計問題	対応
①募集，採用，教育訓練など人的資本の獲得や開発への支出が費用に計上されている。	研究開発コストの議論と同様に，当該支出により将来の経済的便益が生じる可能性が高い場合には資産に計上し，償却等により費用とすることにより，その収益との対応を図る。
②人的資本が資産に計上されていない。	リースの議論と同様に，将来の給与・退職金など将来支出の現在価値で，資産・負債を両建て計上する。
③超過収益力を有する人的資本が資産に計上されていない。	ブランドなどの議論と同様に，将来収入の現在価値で資産計上する（貸方は，負債，資本修正，又はその他の包括利益（OCI）とする）。

出所：秋葉賢一『報酬にみる会計問題』（日本公認会計士協会出版局，2021）246頁を基に筆者一部修正。

を創造するため，その認識と測定による会計情報は，人的資源が有する経済的価値を表す必要があるといった文脈でなされる[26]。つまり，損益計算書ではなく，純資産直入によっての調整（資本修正やその他包括利益の調整）を行うものであるし[27]，人的資本の開示には資するが，資本等取引であって当期純利益には影響を与えず，ひいては税務会計における課税所得計算にも影響を与えないと結論付けられるため，本稿では①のみを整理することにしたい。

　【図表1】の①の問題とは，人的資本の獲得や開発の支出は，募集・採用活動や教育訓練が実施された時に費用計上されているが，その支出により将来の経済的便益が生じる可能性が高い場合には，当該支出額を資産に計上した後，償却等により費用化され，その活動から創出される収益との対応を図るというものである[28]。つまり，繰延資産と位置付けられる。しかし，人的資本に対する投資を適切に評価し，資産に計上しなければ，企業は短期的な利益を重視して中長期的な企業価値向上につながる投資が抑制されるおそれがある[29]という指摘からは，かつての研究開発費における議論[30]が想起される。

　同様に，前掲伊藤レポートは，企業の競争力の源泉が無形資産になる中で，人材を獲得・育成するための人的投資が重要になっているとしながらも，人的投資は研究開発と比べても客観的な評価が難しいこともあり，企業の長期的な成長に必要な投資が行われないという問題[31]や，人材獲得のための報酬やOJTに係る費用等も含まれる[32]が，現時点で定量的に把握できる部分が少ないという課題を提起している[33]。

　これらの人的資源の獲得・開発コストの資産計上を考察するにあたっては，ASBJ「無形資産に関する検討経過の取りまとめ」(2013)は存在するものの，現状のわが国には明確な基準が存在しない。ここで，参考になるのは一部の自己創設無形資産を資産計上しているIAS38号[34]である。IAS38号において，無形資産とは，「物質的実体のない識別可能な非貨幣性資産」(8項)とされ，無形資産をのれんと区別するために識別可能であること，また，将来の経済的便益を企業が支配できることを必要としている。

　この場合の識別可能性とは，「売却，譲渡，ライセンス，賃借又は交換により分離可能である場合」もしくは，「契約又はその他の法的権利から生じている場合」をいう(12項)。また，支配とは，「対象となる資源から生ずる将来の経済的便益を獲得する力を有する」もしくは，「それらの便益を他者が利用することを制限できる」場合をいう(13項)。他にも，教育・訓練に関する支出を適用対象としている(5項)が，訓練から生じると期待される将来の経済的便益に対する企業の支配力は，通常，無形資産の定義を満たすと考えるのには十分でない(15項)とし，無形資産として認識していない[35]。

　人的資源の獲得・開発コストの資産計上にあたっては，資産の定義や認識要件に照らして判断されるべきであり，人的資源の獲得にあたって，契約金が契約期間における報酬の前払いとしての性格のものであれば，資産に計上され償却されることになるであろうし，仕度金のような一時的な性格のものであれば，費用計上される[36]。この点，会計基準ではないが，法人税基本通達8-1-12では，職業運動選手等との専属契約をするために支出する契約金等は，いわゆる税務上の繰延資産(法人税法2条24号)に該当し，セールスマン等の引抜料や仕度金等の額は，その支出した日の属する事業年度の損金の額に算入することができるとしている。つまり，人的資源の獲得コストは，税務上の繰延資産に計上する余地がある。

　一方，訓練を通じて将来の経済的便益をもたらす職員の技能の向上による人的資本は，識別できる場合もあるとしている。この点，黒川行治氏は，人的資源の能力開発について，「一般的訓練」と「特殊な訓練」とに分けて検討している[37]。

「一般的訓練」とは，どの企業に従事したとしても労働生産性が向上する訓練であるとされ，他方で，「特殊な訓練」とは，その企業以外では労働生産性が向上しない訓練であるとされる。これらの訓練により得られたスキルが何らかの形で個人別に識別でき，さらに「特殊な訓練」によるその企業だけに将来の経済的便益をもたらす支出は，その企業だけが便益を享受できることになるため，無形資産の定義を満たし，資産として計上される余地はある。研究・開発コストが個別のリスクや研究開発効率に応じて異なるとしていることと同様に，人的資源コストも，その状況に応じて資産性が異なる[38]。そうすると，その企業だけに属する営業秘密やノウハウを生じさせた従業員に対する特別な支出（発明対価）についても，資産計上される余地があるということになる。

2 人的資本における借方と貸方全体をオンバランスするアプローチ（使用権モデル）

続いて，【図表1】の②の問題とは，借方と貸方に生じる人的資源全体をオンバランスしようという考え方であり，リースにおける使用権モデルと整合する[39]。

リースはモノを一定期間にわたって賃借するサービスの受け取りを使用権の取得とし，当初から総額計上しているが，同じ経営資源であるヒトも同様に考え，総額計上することができるとする。すなわち，企業は，将来に支払われることとなる報酬費用総額を割り引いて，雇用・委任したヒトを利用できる権利を資産計上し，支払うべき割引価値を負債計上することになる[40]。

これは，リース会計における使用権モデルを人的資本に援用し，人的資本を物的資本同様に財務諸表に計上するという会計システムのアイデアであり，人的資産・労務出資のオンバランスと人的資産の償却，ならびに維持すべき出資金・労務出資と分配可能利益を示す利益剰余金との区分によって，創造会社の公正価値が適正に測定・確保され，それに対する各種の出資者の持分内容が明確に表示されるとともに，計上利益が分配可能限度額を示すことになると考えられる[42]。

ここまでの確認として，個人は教育・能力という人的資産をもって会社に参

加してはいるが，職業選択の自由や退職の自由を否定することはできない。人
的資本の資産計上において，企業の「支配」要件が問題視されるのは主に人権
や制度の観点からである。

　しかし，ヒトの資産計上とはいっても，ヒト自身の「価値」の測定を行うわ
けではなく，他の資源と同様，支出額に基づいて資産計上すればよい。支出額
を上回って企業に貢献する部分は，人的資源に関する自己創設のれんとなり，
その達成に伴って実現した利益として計上される。

　上記使用権モデルを援用した場合，問題となるのはその使用期間ということ
になろう。人的資本の使用権が生じた日である使用契約開始日は容易に把握で
きるが，既に企業に属している従業員等が離職する事実が生じることを正確に
見積もることは不可能とされる。IFRS等ではこの点が困難であるとの指摘が
あるが，終身雇用をベースとする現行の日本型の雇用慣行においては，正社員
は定年による退職が予定されている企業が大多数であるため，従業員は契約社
員を含めて使用期間が使用開始から退職までの期間として見積もることは可能
である。この場合，支出額としての給与還元法での評価が適当と考えられる。[43]
つまり，わが国の雇用慣行下では，上記使用権モデルの援用について，特段問
題はないということになろう。

　また，リース使用権モデルを用いる場合，ASBJ企業会計基準第13号「リー
ス取引に関する会計基準」(2007)に従い，所有権移転ファイナンス・リースと，
所有権移転外ファイナンス・リースのいずれかに分けて会計処理を行う必要が
ある。リース使用権モデルを用いる会計処理の特徴は，その識別可能性と支配
要件の緩和にあるため，識別可能性が問われない所有権移転ファイナンス・リ
ースではなく，所有権移転外ファイナンス・リースとして扱われることになる
であろう。

　改めて，人的資本について，当期の費用（給与・報酬および職業訓練費等）と
して処理するのではなく，貸借対照表能力を持たせる意義は何であろうか。そ
れは，前掲したステークホルダー資本主義における企業の付加価値としての情
報開示を意味するということになろう。その場合の付加価値とは，企業を社会
的存在として捉えることにより，企業に自然環境や地域社会および被用者の労

働衛生に対する責任を持たせることを前提とした企業の取組みとなる。その背景には，ESG 投資に伴う人的資本に対する役割期待の増大があり，[44] 既に CSR や ESG 投資の枠組みとして，財務情報と非財務情報の両方で開示が試みられているところである。

ステークホルダー資本主義によれば，労働が生み出す価値は，企業が生み出す価値となる。また，そうした価値は，企業を支える全てのステークホルダーに分配されるべき価値となる。その場合の企業は，全てのステークホルダーによって構成される社会的企業という形態を伴うことになる。[45]

従来の会社法における分配会計は，株主と債権者に向けてのもので，株主や金融機関への限定した情報の提供で済んでいたことから，決算公告の制度はあったとしても情報開示は 2 次的な役割であった。それに対し，ステークホルダーのための新たな分配会計は，多様なステークホルダーへの分配の妥当性や貢献性を社会的に示すことが必要となることから，ESG 情報を含めた情報開示の役割が重視されることになる。新たな分配会計では，分配会計に情報会計の機能が付加されなければならない。[46]

以上のように，ステークホルダー資本主義が進むと，分配可能額計算の中でステークホルダーの持分を全て資本の部に計上して計算を行うという考え方が採用される可能性がある。その場合，会社法創設時でも見られたように，資本取引と損益取引の区分に基づく資本不課税の原則にも何らかの影響が出ることも考えられる。もちろん，現状のまま他人資本と自己資本という分類で資本維持をすれば，これまでどおりでよいとも考えられる。したがって，人的資本のオンバランスの問題は，税務会計についても課税所得以外に様々な影響を及ぼす可能性があるため，以下若干の考察を加える。

V　人的資本のオンバランスが税務会計に与える影響

ここからは，仮に企業会計上人的資本がオンバランスされた場合における税務会計へ与える影響について考察する。企業会計上，人的資本が貸借対照表能力を持つ可能性があるものとして，前掲【図表1】では人的資源の獲得・開発コストの資産計上および資産負債の両建て計上を挙げており，その方法として

は繰延資産[47]，もしくは，所有権移転外ファイナンス・リースの援用が考えられていた。そこで，まずは法人税法上の繰延資産について検討を行う。

　法人税法（以下，「法法」という。）上の繰延資産は，法法2条24号に規定され，その委任先の法法施行令14条では，企業会計上の繰延資産である「創立費，開業費，開発費，株式交付費，社債等発行費」の他に，税法固有のものとして，同条1項6号に「次に掲げる費用で支出の効果がその支出の日以後一年以上に及ぶもの」を挙げている。これには，前掲した法人税基本通達に示される職業運動選手等との専属契約をするために支出する契約金等が含まれる。さらに，人的資源の訓練・開発の結果として，その企業だけに属する営業秘密やノウハウを生じさせた従業員に対する特別な支出（職務発明対価）についても，資産計上される余地がある[48]とされていた。

　昭和37年8月の「企業会計原則と関係諸法令との調整に関する連続意見書」第五では，「本来，繰延費用とすべき支出額およびその償却期間は，税務当局の承認を前提として，法人が自主的に判断して決定すべきものであるが，わが国法人税法の最近の傾向としては，通達による別段の定めによって，繰延費用と内容と償却期間を一律に規定することが指摘される。…。たしかに，ある支出を繰延経理すべき場合は現実問題としてきわめて多様であり，そのため損金算入の限度を明確にすべき法人税法の立場からは，画一的な取り扱いを行う必要が大きいと解される」として，法法上の繰延資産に損金算入上の画一的なルール策定の必要があることを示唆している。

　しかしながら，税法固有の繰延資産については，その実質は無形固定資産に近いとされ，租税回避防止の観点から均等償却を強制している[49]。したがって，税法固有の繰延資産については，費用収益対応の原則からのみではなく，課税上の要請（公平負担）の見地から計上されるものとなる。

　この点，企業会計とは異なり，税法上は人的資源の獲得・開発コストを繰延資産として処理することについて，その特質（企業の所有に帰属しない固定資産等への支出ではあるが，それからもたらされる効果ないし便益を企業全体が享受できるという特質）からも認められることになろう。また，その償却期間については，「支出の効果がその支出の日以後一年以上に及ぶもの」という文言に具体的償

却期間の定めがないとして，予測可能性の観点からの批判が考えられるが，これも，従業員の基本的に雇用契約期間として考慮すればよいと考えられる。ただし，一年以内で効果が切れるような教育訓練がないとは言い難いため，繰延資産の課税上の要請である公平負担の観点からは，人的資源の獲得・開発コストについて全て繰延資産とする方法としてもよいとも考えられる。

ノウハウについても，税法上の繰延資産となることには問題がないが，そもそも特許権等の法的権利ではないため，その定義や範囲に問題が生じる[50]。ノウハウは，法的に保護されていない知的財産であり，のれんと同様のものであるとする考え方[51]もあるが，自己創設のれんの計上防止の観点からも償却することが望ましいと考えられる。

続いて，人的資本のリース使用権モデルに基づく貸借対照表計上について検討する。法法上のリース取引の要件は法法 64 条の 2 第 3 項に規定がある。これらの要件はいわゆるノンキャンセラブルとフルペイアウトである。また，人的資本のリース使用権モデルの援用は，所有権移転外ファイナンス・リースの要件を満たすとされていたため，所有権移転外ファイナンス・リースの規定である法法施行令 48 条の 2 第 5 項第 5 号を確認した結果，法法上も所有権移転外ファイナンス・リース取引と理解される。

ただし，平成 12 年 12 月の国税庁の質疑応答において，「ソフトウエア・リース取引に係る税務上の取扱いに関する質疑応答[52]」があり，その中でも，「ソフトウエア・リース取引の基本的な仕組みは，ハードウエア・リース取引と同じである。しかし，ソフトウエアが無形固定資産であるため，次のような特徴がある。」として，「ソフトウエア・リース取引は，リース会社がメーカー等（著作者，販売者等）との間で，『ソフトウエア使用権（無形固定資産）設定契約』に基づき使用権を取得（購入）し，そのソフトウエア使用権をリース契約に基づきユーザー（使用者）に再許諾する賃貸借取引であること」と「リース取引の対象とするソフトウエアは，ユーザーが使用（当該ユーザーの子会社・関連会社等と共用する場合を含む。以下同じ。）するために開発したソフトウエアの使用権又はユーザーが使用するためにメーカー等が開発したソフトウエア（いわゆる汎用ソフトウエアを含む。）の使用権であること」および，「『ソフトウエア・

リース取引の仕組み』のとおり，リース資産が一般の動産とは異なり，ソフトウエア使用権（無形固定資産）である」という記述からは，無形固定資産であるソフトウエアの使用権に基づいたリース取引が実務上既に存在しており，それは，有形固定資産を対象としたリースと何ら変わらない取扱いであったことが理解できる。すなわち，ソフトウエアを人的資本と同一視し，その使用権に基づいたリース実務として援用しても，現行法法上は何ら問題がないという示唆となる。

しかし，当該使用権モデルの援用は，所有権移転外ファイナンス・リースを前提としていることから，特に償却期間については検討が必要であろう。もっとも，ノンキャンセラブルおよびフルペイアウトの要件が存在するファイナンス・リースにリース使用権モデルが合致していることからすれば，前述した企業会計上の検討と同じく，基本的に雇用契約の期間に基づき償却期間を算定することになると考えられる。

Ⅵ　結びに代えて

以上の考察から，現状，人的資本のオンバランスによる税務会計への影響はないことが確認できた。しかしながら，その結果は，企業会計における人的資本の資産計上は，繰延資産，もしくはリース使用権モデルに基づくものとして行われることから導かれたある意味偶然の産物であるといえる。

何故偶然の産物かというと，企業会計と税務会計の間には，法人税法22条4項の公正処理基準が存在するからである。租税法において，議会の制定したものではない企業会計原則等の会計基準が，課税所得計算の法的基準たり得ないことは自明の理であり[53]，また，公正処理基準が租税法律主義の大原則の下にあっては，直接，企業会計に基づく判断がなされるのではなく，会社法（商法）を媒介とした企業会計との関係を定めていると理解するのは，租税法においては通説といってよいとされるからである[54]。

つまり，今回の検討では，既に法人税法の別段の定めとして「繰延資産」や「リース」の規定が存在していたために，偶然，公正処理基準該当性の価値判断が生じなかったと整理できる。今般の人的資本可視化指針の公開のように政

府主導の下で人的資本開示が進み，今後において人的資本会計基準が策定あるいは慣行化されたとしても，おそらく法人税法上の新たな手当はないと考えられる。

注

1) 若杉明『人的資源会計論』（森山書店，1973）302-303 頁。
2) 外務省「『ビジネスと人権』に関する行動計画（2020-2025）」（https://www.mofa.go.jp/mofaj/files/100104121.pdf）2 頁。
3) 同上，2 頁。
4) 同上，3 頁。
5) (a)結社の自由及び団体交渉権の効果的な承認，(b)あらゆる形態の強制労働の禁止，(c)児童労働の実効的な廃止，(d)雇用及び職業における差別の排除，(e)安全で健康的な労働環境のことである（https://www.ilo.org/tokyo/about-ilo/WCMS_246572/lang--ja/index.htm）。
6) 国際連合「指導原則」17 によると，①人権リスクの評価，②社内部門・手続きへの統合と適切な措置の実施，③追跡調査，④情報開示のプロセスで行われる。
7) 日本経済団体連合会「人権を尊重する経営のためのハンドブック」（2021）29 頁参照。
8) 日本国憲法第 14 条は，法の下の平等を原則としており，人種，信条，性別，社会的身分又は門地により，政治的，経済的又は社会的関係において差別されないことを規定する。
9) 日本国憲法第 22 条は，「何人も，公共の福祉に反しない限り，（中略）職業選択の自由を有する」旨を規定し，「職業安定法（昭和 22 年法律第 141 号）」第 2 条は，「何人も，公共の福祉に反しない限り，職業を自由に選択することができる」と規定する。
10) 日本国憲法第 13 条は，「生命，自由及び幸福追求に対する国民の権利」を規定する。
11) 木下昌彦「勤労権・生存権・福祉国家　戦後日本における憲法的福祉国家実現の系譜」法律時報 94 巻 5 号（2022）45 頁。
12) 同上，45 頁。
13) 法務省人権擁護局「今企業に求められる『ビジネスと人権』への対応」（https://www.moj.go.jp/content/001376897.pdf）11 頁参照。
14) Grant et al., (2007), Van de Voorde et al., (2012); Ho and Kuvaas, (2020).
15) 中野誠「従業員持分とウェル・ビーイング」企業会計 74 巻 7 号（2022）108-109 頁。
16) 森永雄太「企業経営におけるウェルビーイング」証券アナリストジャーナル 60 巻 12 号（2022）12 頁参照。
17) 日本経済団体連合会，前掲注 7，45 頁参照。
18) 経済産業省「持続的な企業価値の向上と人的資本に関する研究会報告書」（2020）9 頁。
19) 企業の意思決定にあたり，多くの場合個人がその焦点になっていること（従業員の採用，訓練，昇進，報酬等）や，より大きな人間集団の評価を行うために総計可能であることを挙げている。また，個人を費用としてではなく，資産として認識すること，および経営者

や従業員等の個人の能力を資産化の対象とすることを意味する（若杉，前掲注1，45-62頁参照）。

20）　人的資源は，企業の人的組織の有する生産能力の価値および企業の顧客信用の価値の2つを意味するものとして把握され，個人の技量や能力を第一次的な人的資源の認識や測定の対象とは考えていないことに特徴がある。なぜなら，個人は少なくとも企業に所属する限り，各種の企業組織単位のいずれかに配置され，組織の一員として行動しなければならないために，個人そのものが持つ技量や能力が発揮されるか否かも，組織の性格や質のいかんによって左右されるからである（同上，45-62頁参照）。

21）　中野誠「ウェルビーイングと人的資本会計」証券アナリストジャーナル60巻12号（2022）28頁参照。

22）　島永和幸『人的資本の会計―認識・測定・開示―』（同文舘，2021）10-28頁参照。

23）　株式会社丸井グループ「ESG データブック」（2022）。

24）　中野，前掲注21，28頁。

25）　若杉，前掲注1，69-111頁参照。

26）　島永和幸「人的資本の本質的特性と使用権モデルに基づく新しい認識アプローチの探究」国際会計研究学会年報 2013 年度第 1 号（2013）83頁参照。

27）　秋葉賢一『報酬にみる会計問題』（日本公認会計士協会出版局，2021）256頁参照。

28）　同上，259頁参照。

29）　伊藤レポート 2.0「持続的成長に向けた長期投資（ESG・無形資産投資）研究会報告書」（2017）15頁。

30）　企業会計審議会「研究開発費等に係る会計基準の設定に関する意見書」（1998）。

31）　研究・開発コストに対するアウトプットの評価ができれば，会計上も経済的便益の裏付けにより，人的資源に対するコストを資産計上することが可能になる。しかし，人材を獲得・育成するための投資がどのような効果につながっているのかの把握が困難であれば，研究・開発コスト以上に資産計上するのは難しい（秋葉，前掲注27，264頁参照）。

32）　会計上，研修や報酬等の形で当期費用の一部として埋没してしまうが，その総額が投資家にとっても有益な情報であれば，研究開発費と同様に，当期総製造費用および一般管理費に含まれる金額を，財務諸表に注記することが考えられる（同上，264頁参照）。

33）　伊藤レポート 2.0，前掲注29，15-17頁。

34）　IASC（1998），IAS 38, Intangible Assets.

35）　島永，前掲注26，78頁参照。

36）　秋葉，前掲注27，267頁参照。

37）　黒川行治『会計と社会―公共会計学論考』（慶應義塾大学出版会，2017）335-337頁。

38）　秋葉，前掲注27，268頁参照。

39）　島永，前掲注26，80-83頁参照。

40）　秋葉，前掲注27，274頁参照。

41）　現行の会計制度では，人的資本は無形資産としてオンバランスされることはない。しかし，企業の従業員の雇用契約を企業の人的資産の利用権（使用権）として考慮すれば，リース資産と人的資産を同様に見ることができるのではないかというアプローチである。特に，IFRS16号「リース」では，リースを「資産（原資産）を使用する権利を一定期間

にわたり対価と交換に移転する契約又は契約の一部分」と定義している。

42)　黒川，前掲注 37，367 頁。

43)　経営者および従業員個々人につき，定年退職時までに支払いが予定される給与所得の流れを，一定の割引率を用い現時点までに割引計算してそれぞれの現在価値を求め，これらを合計して人的資源価値とする評価法である。この方法においては，毎期支払われる給与額は経営者や従業員の提供する労働サービスの価値に等しいという仮定に基づいている。この方法による評価額は，個人の提供する労働サービスの対価に基づいて人的資源の現在価値を測定しようとするもので，効益価値の系譜に属する（若杉明「人的資源の認識と測定—人的コスト説と人間資産説—」LEC 会計大学院紀要第 12 号（2015）132-133 頁）。

44)　島永，前掲注 26，10-28 頁参照。

45)　小栗崇資・陣内良昭「第 5 章新たな計算と報告の可能性」小栗崇資・陣内良昭『会計のオルタナティブ—資本主義の転換に向けて』（中央経済社，2022）83 頁。

46)　小栗崇資・陣内良昭「第 12 章会計制度の新たな展開」小栗崇資・陣内良昭『会計のオルタナティブ—資本主義の転換に向けて』（中央経済社，2022）219 頁参照。

47)　企業会計原則第三貸借対照表原則一 D。

48)　この場合，法法施行令 14 条 1 項 6 号ハに定める役務の提供を受けるための費用，もしくは法法施行令 14 条 1 項 6 号ホに定めるその他自己が便益を受けるための費用として，税務上の繰延資産に計上され得る。

49)　成道秀雄『税務会計』（第一法規，2015）213 頁。なお，武田隆二『平成 16 年版法人税法精説』（森山書店，2004）491 頁の指摘も同様の観点からである。

50)　細川健「ライセンス契約とノウハウの課税上の問題点（その 1 ）」税務弘報 55 巻 4 号（2007）158-163 頁参照。

51)　盛岡一夫「ノウ・ハウの法的性質（二）」東洋法学 18 巻 1 号（1975）71-73 頁参照。

52)　https://www.nta.go.jp/law/joho-zeikaishaku/hojin/0212-2/01.htm

53)　中里実「租税法と企業会計（商法・会計学）」旬刊商事法務第 1432 号（1996）28 頁。

54)　末永英男『税務会計と租税判例』（中央経済社，2019）283 頁。

6 環境会計と税務会計に関する共通的な課題
——社会的責任と会計公準を中心として——

長谷川　記　央

（税理士）

はじめに

　会計学における会計公準は，企業会計の基礎的前提であり，先行研究においても尊重されているものである。会計の目的が異なる場合に，その基礎的前提も異なることは予定される。環境会計と税務会計は，企業会計とは異なる目的の会計なため，異なる基礎的前提を用いることが考えられる。

　環境会計は，物量単位を用いることから，会計公準と異なる基礎的前提による社会科学と考えられる。税務会計については，税務会計公準論が論じられており，会計公準と異なる基礎的前提による社会科学と考えられるが，税務会計公準論を論じずに税務会計原則をとりあげるものもあり，会計公準を基礎的前提とする社会科学と考えることもできる。

　本論においては，環境会計と税務会計の基礎的前提についてとりあげ，会計公準との関係を論ずるものとする。また，社会的責任については，継続企業の公準と首尾一貫するものであるから，会計公準によれば社会的責任が充足できるものと結論づける。

I　環境会計と税務会計

1　環境会計の概要

　環境会計については，環境会計ガイドライン2005年版において定義されている。同ガイドラインによれば，「企業等が，持続可能な発展を目指して，社会との良好な関係を保ちつつ，環境保全への取組を効率的かつ効果的に推進していくことを目的として，事業活動における環境保全のためのコストとその活動

により得られた効果を認識し，可能な限り定量的（貨幣単位又は物量単位）に測定し伝達する仕組み」と，定義する。環境会計ガイドライン 2005 年版において，内部機能と外部機能をとりあげている。本論においては，内部機能（管理会計の領域）についてはとりあげず，外部機能のみをとりあげる。

環境会計の外部機能は，企業等の環境保全への取組を定量的に測定した結果を開示することによって，消費者や取引先，投資家，地域住民，行政等の外部の利害関係者の意思決定に影響を与える機能とする。外部機能は，環境会計情報を，環境報告書を通じて環境保全への取組姿勢や具体的な対応等と併せて公表することによって，企業等の環境保全への取組を利害関係者に伝達するためのものと考えられている。公表によって外部の利害関係者に対して説明責任を果たすと同時に，環境に配慮した事業活動に対する適切な評価に結びつく役割が期待されている。

すなわち，環境会計の目的として，企業等の環境保全への取組を定量的に測定した結果を開示することがあげられる。

2 税務会計の概要

税務会計とは「課税の基準となる課税所得の計算や課税価格の評価を目的とする会計[1]」と定義する。税務会計は，税法に規律される「法的会計」の性質を有しており，いわゆる「外部報告会計」ないし「対外報告会計」の一種に属する[2]。

「税務会計は，課税標準の算定把握に関する会計測定および伝達を通じて，租税負担能力の計測に関し，租税当局としての政府・地方公共団体の利害と，納税者としての国民・企業との間における利害を調整する役割を果たすとともに，さらに，納税者国民・企業間における租税負担の公正なる配分および企業の経営成果・利潤の社会的配分をめぐる利害の調整を図ることを重要な機能とする特殊会計であるといえる[3]。」

すなわち，税務会計の目的として，納税者間における公正な租税負担に基づく課税所得の計算があげられる。

3 環境会計と税務会計の相違点

　環境会計は，今後の課題があげるように「今回の改訂において提示した手法や考え方についても，算定方法やバウンダリーが統一されていないなど，いまだ発展途上にあり，最低限の留意事項を示すにとどまった部分が多く残されています。今後は，実務での運用や調査研究の進展に対応し，ガイドラインが社会的に合意された実務上の手引きとなるよう，ガイドラインの一層の充実を図っていく必要があります[4]。」とする。

　税務会計は，課税の公平を実現するため，課税所得の計算方法について，法律によって明確に規定しなければならない。

　このため，環境会計と税務会計では，統一した算定方法の有無が異なる。なお，税務会計における統一した算定方法とは，経理自由の原則のうえで統一した算定方法（納税者が複数の算定方法から選択することが認められる）を意味する。また，税務会計は，法律の規定に従って課税所得の算定を行うため，納税者と他の納税者で異なる課税所得の計算が行われ，課税の公平を害すことがないように，法律によって統一した算定方法であると考えることができる。

　環境会計は，貨幣的な評価と物量単位によって，評価する。環境会計情報の性質があげる環境保全効果については，定量的情報を物量単位とし，定性的情報として効果の内容をあげる[5]。税務会計は，課税所得の計算を貨幣的な評価をもって行う。このため，環境会計と税務会計では，評価の対象と方法が異なることがいえる。

　環境会計は，環境報告書の一環として行われるものである。環境報告書は「環境情報の提供の促進等による特定事業者等の環境に配慮した事業活動の促進に関する法律」（以下，「環境配慮促進法」という。）により規定される。環境報告書については「特定事業者は，主務省令で定めるところにより，毎事業年度，環境報告書を作成し，これを公表しなければならない。」（環境配慮促進法9条1項）と規定する。特定事業者とは「特別の法律によって設立された法人であって，その事業の運営のために必要な経費に関する国の交付金又は補助金の交付の状況その他からみたその事業の国の事務又は事業との関連性の程度，協同組織であるかどうかその他のその組織の態様，その事業活動に伴う環境への負荷

の程度，その事業活動の規模その他の事情を勘案して政令で定めるもの」（環境配慮促進法2条4項）と定義する。また，「大企業者（中小企業者以外の事業者をいい，特定事業者を除く。）は，環境報告書の公表その他のその事業活動に係る環境配慮等の状況の公表を行うように努めるとともに，その公表を行うときは，記載事項等に留意して環境報告書を作成することその他の措置を講ずることにより，環境報告書その他の環境配慮等の状況に関する情報の信頼性を高めるように努めるものとする。」（環境配慮促進法11条1項）と規定する。「国は，中小企業者がその事業活動に係る環境配慮等の状況の公表を容易に行うことができるようにするため，その公表の方法に関する情報の提供その他の必要な措置を講ずるものとする。」（環境配慮促進法11条2項）と規定する。

これらの規定をまとめると，環境会計については，特定事業者については，毎事業年度，環境報告書を作成し，これを公表しなければならない。他方で，特定事業者でない者については，環境報告書の公表については努力義務と規定する。

税務会計については，「国民は，法律の定めるところにより，納税の義務を負ふ。」（憲法30条）と規定され，国民は法的義務を負う。

このため，税務会計が国民に対する法的義務であるのに対し，環境報告書の一環として検討される環境会計は特定事業者を除けば努力義務であり，異なるものといえる。

II　会計公準と社会的責任

1　会計公準の概要

会計公準論を論ずるにあたり「公準」という言葉の定義が問題となる。会計学の先行研究によれば，(1)公準は，論証または証明を要しないものであること，(2)しかしながら，それは広く一般に自明のものとして認められるものでなければならないこと，(3)しかも，それは理論を形成し，またはある事柄を説明するために不可欠な前提条件または仮定たりうるものでなければならないことの意味を包含する言葉として用いられるものとされる[6]。

会計学という社会科学を論ずるにあたり，会計公準は，直接的な検証を受け

118

ない仮定であると考えられている。また，会計公準は，すべての理論構造を打ち立てるための基礎になることと考えられている。

　会計公準については，本論においては会計学で一般的に用いられる次の3つをあげる[7]。

　企業実体の公準とは，「企業会計は，所有と経営の分離のもとに，所有主という個人単体ではなく，企業単位で行われる前提[8]」をいう。継続企業の公準とは，「企業の経済活動は半永久的に継続して営まれるという前提[9]」をいう。貨幣的測定の公準とは，「企業の経済活動および経済事象を把握するさいに，貨幣額をもって測定しなければならないという前提[10]」をいう。

　環境会計の特徴として，物量単位を用いていることから，貨幣的測定の公準についてとりいれない側面がある。このため，環境会計は，あえて理論形成を行うにあたり，ある事柄を説明するために不可欠な前提条件または仮定たりうるものを改めている。このため，どのような，論証または証明を要しない前提のうえに成り立つのかが，問題となる。

　もっとも，会計公準は社会科学としての前提のため，企業実務において尊重されないことも考えられる。企業実務は，異常な取引も存在することから，体系的に捉えることがもとめられていない場合もある。しかしながら，環境会計を社会科学として捉えるのであれば，会計学が論ずるような前提条件を明示し，体系化することがもとめられるのであろう。

2　社会的責任の概要

　社会的責任については，経営学において研究されている領域であり，さまざまな見解があるため，本論においては，一般的な定義として次の定義を用いることとする。

　社会的責任については，市民としての組織や個人は，社会において望ましい組織や個人として行動すべきであるという考え方による責任と定義する。社会的責任は，企業の能力に応じて，もとめられる社会的責任を受け入れるか，あるいは受け入れないかを判断することとなる。このため，企業がどのような社会的責任を負うか取捨選択することとなる。

本論がとりあげる環境会計を，社会的責任に位置づけるのであれば，企業が取捨選択すべきものであるといえる。また，環境配慮促進法は，特定事業者を除けば努力義務を課すにすぎないため，企業が取捨選択することができ，妥当である。また，環境会計が物量単位を用いることから，非財務情報として公表すべきことが考えられる。社会的責任として非財務情報を捉えた場合には，「非財務情報の作成する責任とそれに対応する権限すなわち非財務情報を公表するという権限が正当であるか検討することがもとめられるが，その権限と責任は企業固有のものであるから，統一的なものとするためには，会計を成り立たせるための基礎的前提に依拠するか，あるいは法律による規制（会計制度）によるほかならないであろう。このように考えると，会計学において明示される会計公準の範囲で，あるいは代替する会計公準を考えなければ，社会的責任を理由に統一的な会計責任を負わせることは困難である。

　したがって，継続企業の公準すなわち企業が永続することこそが社会的責任であり，その前提を崩さないように健全な企業活動を行うことを社会的責任としてもとめることが，広く国民に理解される[11]」といえる。企業が存続不能となった場合に，雇用が消失することや投下資本である設備の処分費用の問題が生ずることとなる。投下資本である設備を放置した場合に，環境問題に繋がることも考えられる。このように，企業が存続不能となると，市民としての組織が，社会において望ましい組織として行動すべき費用を負担することができなくなり，社会的責任を充足することが困難となる。このため，第一次的な社会的責任として，企業の存続があげられ，会計学があげる継続企業の公準（企業の継続することの実現）がもとめられる。

　経営学と会計学の接点として「企業の継続」があげられる。なお，税務会計学においても，課税所得の計算を行うにあたり，損金の帰属事業年度の問題（具体的には，減価償却あるいは繰延資産がある[12]）がとりあげられていることから，「企業の継続」が前提となっている。

3　環境会計と会計公準

　環境会計の先行研究は，環境会計の公準にふれるものは確認できなかった。

　環境的な一般的要件については，環境会計ガイドライン2005年版であげら
れている。環境会計の一般的要件とは，目的適合性，信頼性，明瞭性，比較可
能性，検証可能性がある。これらは，企業会計でいう企業会計原則の一般原則
としての役目を担っている。

　会計公準は，会計基準の基礎的前提に位置するものであり，環境会計の一般
的要件の基礎の前提に位置するものといえる。このため，環境会計の一般的要
件が会計公準に代替するものではないと考えられる。

　企業実体の公準については，環境会計の前提として用いられているように思
われる。

　環境会計は，目的適合性を「環境会計は，企業等の環境保全のためのコスト
とその活動により得られた効果に関して，利害関係者の意思決定に資する有用
な情報を提供すべきです。[13)]」と説明しており，企業等の法的実体に着目してい
るといえる。また，実質性を「単に形式的な開示に従うにとどまらず，環境保
全活動の実態に即して情報開示の必要性を判断すべきです。[14)]」と説明しており，
経済的実体に着目しているといえる。これらの考え方は，企業実体の公準が，
法的実体と経済的実体をとりあげること[15)]と首尾一貫するといえる。

　貨幣的測定の公準については，環境会計では物量単位を用いるため，環境会
計の前提として用いられていないと考えられる。

　継続企業の公準については，特定事業者を除けば環境報告書の公表は法的義
務ではなく，社会的責任として取捨選択されるものである。社会的責任は，第
一次的な社会的責任は，企業の継続であるから，継続企業の公準のうえに成り
立つものである。したがって，環境会計は，継続企業の公準のうえに成り立つ
といえる。

　このように，環境会計の特徴として，貨幣的測定の公準との関係について，
どのように整理すべきかが問題となる。

4　税務会計と会計公準

　税務会計の先行研究は，税務会計公準にふれるものがある。

　税務会計公準論として「税務会計と企業会計との関係を論じ，税法と企業会

計原則との調整を議論するにあたっては，その前提として税務会計についての理論的研究が進められ，税務会計自体の真の姿，その立脚点，態様等がまずもって解明されなければならない。[16]」ことをあげ，要請的公準として，租税負担公平の公準と租税負担能力の公準，機構的公準として，租税運営配慮の公準と会計制度依存の公準，税制的公準として，納税主体設定の公準と公共政策配慮の公準があげられている。[17]

　他の先行研究によれば，租税会計公準とは「税務会計論の基礎的前提をいう。理論形成とは，公準を前提にそこから原則を演繹的に導き出し，公準と原則の体系をフレームワークとして首尾一貫した理論を体系化することである。[18]」ことをあげ，課税の公平性，租税法律主義，会計制度依存性があげられている。[19]

　このように，税務会計公準が統一されているものではないが，社会科学としての税務会計学の前提については，各々の研究者が明示することがもとめられるのであろう。換言すれば，会計学と異なる基礎的前提を税務会計学で用いるのであれば，その基礎的前提を明示することがもとめられるのではなかろうか。

　他方で，会計公準論にふれずに税務会計の原則を論ずる先行研究も存在する。

　法人税務の基本原則として，課税公平の原則，課税中立の原則，課税負担能力の原則，実質課税の原則，資本不課税の原則，便宜性の原則，時価取引課税の原則，総額主義の原則，その他の基本原則をあげる。[20]税務会計の特徴として，「法人税法の所得概念は企業会計の利益概念と類似している。このことは法人税法が確定決算主義をとっていることからも当然といえる。[21]」ことをあげる。

　法人税法は確定した決算に基づいて作成された申告書を提出するため（法人税法74条1項），確定した決算とは企業利益を意味する。企業利益を出発点として課税所得が計算される特徴に着目すれば，企業利益は会計公準のもとで計算される利益であるから，税務会計学の前提と考えることができる。このため，税務会計公準論にふれずに税務会計原則を論ずるものは，税務会計学は会計学でいう会計公準（基礎的前提）を用いて論ずるところなのであろう。このような考え方によれば，会計公準と税務会計公準が同一（あるいは類似）なものという結論となる。

　税務会計における基礎的前提は，税務会計公準（税務会計学特有の基礎的前

提）と会計公準（会計学の基礎的前提）によるものに区分できる。ただし，税務会計公準は，確定決算主義に基づくものについては，課税所得の計算は企業利益を出発点とするものであるため，会計公準のもとで企業利益が算出されるものであるから，会計公準が尊重されるべきものといえる。

Ⅲ　共通的な課題

1　企業実体の公準

　企業実体の公準でいう企業実体とは，法的実体と経済的実体とがある。法的実体とは，法人格別の分類を意味し，経済的実体とは法人格は異にするものの，資金，人事などの経済的見地から同一とみなされる企業集団別の分類を意味する。

　税務会計は，納税者単位で課税所得の計算を行うため，法的実体により行われるものといえる。経済的実体は，グループ通算制度（法人税法64条の9第1項）によりとりいれられている。グループ通算制度とは，完全支配関係にある企業グループ内の各法人を納税単位として，各法人が個別に法人税額の計算及び申告を行い，その中で，損益通算等の調整を行う制度をいう。併せて，後発的に修更正事由が生じた場合には，原則として他の法人の税額計算に反映させない（遮断する）仕組みとされており，また，グループ通算制度の開始・加入時の時価評価課税及び欠損金の持込み等について組織再編税制と整合性の取れた制度である。

　環境会計は，法的実体と経済的実体に着目し，個別の環境会計と連結環境会計についてふれられている。連結環境会計とは，複数の法人組織を単一の組織体とみなして集計を行うとされる[22]。連結の範囲については，環境保全という目的から，環境保全上の重要性に応じた連結範囲を設定することとし，重要性の判断基準については，当該企業集団の環境影響を勘案する[23]。なお，連結財務諸表の連結の範囲に準じて判断することも認められている。

　企業実体の公準については，税務会計と環境会計において法的実体を企業実体として捉えていることは共通している。

　他方で，経済的実体については，税務会計（法人税法会計）は各法人を納税単

位としているため，法的実体の枠組みの中で経済的実体を反映させるものであるのに対して，連結環境会計は，経済的実体に即して，複数の法人組織を単一の組織体とみなして集計を行うものであり，異なるものといえる。これらの相違は，会計の目的が異なるところから生ずるものといえる。

2 継続企業の公準

継続企業の公準については，環境会計と税務会計の基礎的前提にあると考えられる。

環境会計は，「本ガイドラインが取り扱う環境会計は，企業等が，持続可能な発展を目指して，社会との良好な関係を保ちつつ，環境保全への取組を効率的かつ効果的に推進していくことを目的として，事業活動における環境保全のためのコストとその活動により得られた効果を認識し，可能な限り定量的（貨幣単位又は物量単位）に測定し伝達する仕組みとします。[24]」とされ，企業等が，持続可能な発展を目指すことを目的とする。したがって，持続可能とは言い換えれば企業の経済活動が半永久的に継続することを目的としているため，継続企業の公準と首尾一貫する。

税務会計は原価配分手続である減価償却を行う。減価償却とは「減価を会計上適切に認識するためには，有形固定資産の取得原価をその耐用年数（使用する期間を意味し，経済的寿命ともいう）にわたり一定の方法で配分する手続き[25]」をいう。税務会計は，耐用年数を「減価償却資産の耐用年数等に関する省令」により定められており，法定耐用年数という。このような損金配分手続は，企業の経済活動が半永久的に継続して営まれるという前提によりもとめられる手続である。このため，税務会計は継続企業の公準と首尾一貫する。

また，社会的責任については，「社会的責任における新たな会計領域の根拠として，児童労働などといった問題を取り上げているが，このような問題を含めた事業活動の結果として，利益が算出されることとなる。先行研究が述べるように，鉱山の開発が中止されたり，消費者のボイコットが発生した場合には，投資のリスクから解放された損失（キャッシュフロー）が損益計算書（会計情報）に表現されることとなるため，現行の会計制度に何らの表現がなされないわけ

ではない。したがって，現代会計学における会計公準に基づいて開示された会計情報によって，このような社会的責任に関する事業活動が表現されており，社会的責任が直ちに非財務情報の開示に結びつくものでもないと考えられる。非財務情報の情報有用性を否定するところではないが，社会的責任をもって直ちに非財務情報を開示する理由とはならず，非財務情報を会計学の領域とするのであれば，新たな会計情報を成り立たせる基礎的前提を明示し，その情報が何を認識・測定・記録・報告するものであるか明らかにしなければならない[26]」。児童労働等の人権を尊重しない企業は，社会的責任を充足することができず，当該社会的責任を充足しないことによる不利益が財務諸表に反映され，持続可能性が損なわれることがあげられる。このため，社会的責任を充足しなければ，企業が経済活動を半永久的に継続することを困難とすることがいえる。継続企業の公準によれば，社会的責任の充足により半永久的に継続することがもとめられ，社会的責任を包含すると考えられる。

3　貨幣的測定の公準

　貨幣的測定の公準については，環境会計と税務会計において相違する。

　環境会計については，物量単位を用いて測定することがもとめられる。このため，貨幣的測定に代替して物量単位を用いることになる。会計学が，貨幣的測定の公準を用いるのは「貨幣的単位が最も共通的・一般的尺度であり，グラム（g），メートル（m），リットル（ℓ）などの物量単位は公分母たりえないからである。したがって，貨幣額をもって測定できない経済活動および経済事象は企業会計の態様とはなりえない[27]。」とされる。すなわち，環境会計において，物量単位を用いる場合には，貨幣的単位に代替して最も共通的・一般的尺度となる場合に，基礎的前提となる。また，環境会計の先行研究において，貨幣的単位に代替する指標として，「kikyo」を用いることを論じる[28]。環境会計は，貨幣的測定の公準によることについて検討がされ，どのような基礎的前提のうえで社会科学として発展すべきか研究されていると考えられる。

　税務会計については，貨幣的測定の公準によるものであるが，評価の方法について問題がある。具体的には，営業権の問題があげられる。法人税法におい

ては，営業権である「のれん」を直接的に評価するものではなく，引継資産と負債の差額によって評価する[29]。相続税法における営業権は，営業上の権利（相続税法基本通達10－6）に該当するため，財産評価の対象となる。このため，営業権そのものを直接的に評価する。また，営業権の評価は財産評価基本通達165・166に明示される。また，「この通達の定めによって評価することが著しく不適当と認められる財産の価額は，国税庁長官の指示を受けて評価する。」（財産評価基本通達6）とし，財産評価基本通達によって評価することが著しく不適当な場合には，国税庁長官の指示を受けて評価するとされる。

　取引相場のない株式の評価を行うにあたり，純資産を測定するために営業権の評価を行う。このため，取引相場のない株式の評価が問題となる。

　「取引目的の株式等評価報告書をもって，過去において取引相場のない株式を売却した場合，報告書による評価額によって，市場を通さずに第三者に売却した経験があった場合に，当該経験を「過去において経験した類似の事象」として取り扱い，株式等評価報告書を時価とすることはできないといえる。

　裁判目的の株式等評価鑑定書をもって取引相場のない株式の課税価格を争う場合に，相続税の課税価格を目的とした鑑定書であることが明らかになっており，かつ，①当該価格が財産評価基本通達に従い評価がなされたものであるのか，あるいは，②課税時期において，「それぞれの財産の現況に応じ，不特定多数の当事者間で自由な取引が行われる場合に通常成立すると認められる価額」（財産評価基本通達1（2））であり，当該価額が市場を通じて実現可能なものであることを明らかにしなければならないといえる[30]。」

　取引目的の株式等評価報告書は，企業価値を評価する手法として，インカム・アプローチ，マーケット・アプローチ，ネットアセット・アプローチがあり，これらの評価方法のすべてが妥当であるのか，いずれかが妥当であるのかが，問題となる。

　このように，税務会計においては税目によって，直接的あるいは間接的に評価するのか，評価する方法は通達に従うのか，時価を用いるのかという異なる取り扱いが予定される。税務会計は，貨幣的測定の公準を用いるが，その評価方法については，納税者と課税庁との間で争いが生ずることがある。

このように，環境会計と税務会計は，貨幣的測定の公準について相違する。

4　環境会計と税務会計の共通的な問題と課題

環境会計は，会計学の会計公準である基礎的前提について，物量単位をあげていることから，貨幣的測定の公準とは異なる基礎的前提にあるように思われる。他方で，環境会計は，貨幣的測定をもって報告するものもある。このため，環境会計の基礎的前提をどのように捉えるのかが問題となる。

税務会計は，会計学の会計公準を尊重するものの，企業会計とは異なる目的のため，税務会計特有の問題があり，税務会計公準論を論じられている。また，確定決算主義によるところであるため，会計公準を税務会計公準として用いることも考えられる。税務会計においては，貨幣的測定の公準のもと，どのような評価方法を用いるのかが問題となる。評価方法については，税目によって異なることがあり，どのような評価方法が妥当であるのか争いが生ずることがある。このような争いは未実現利益の取り扱いが原因の1つとなっている。

このように，環境会計と税務会計は，貨幣的測定の公準を用いるのか，あるいは捉えるのかが問題となっており，貨幣的測定について課題を抱えている。このため，貨幣的測定の公準が，主な共通的な問題あるいは課題であり，それぞれが社会科学として発展するために研究が続けられているといえる。

おわりに

社会科学として発展を続ける会計学の基礎的前提をとりあげ，環境会計と税務会計の基礎的前提について検討を行った。

会計の目的が異なれば，その基礎的前提が異なることは予定される。このため，会計公準と異なる基礎的前提によって検討を行う場合には，その基礎的前提を明確にすることがもとめられるのであろう。

租税実務においては，昨今，相続税における財産評価の時価について争いがあり，どのような貨幣的測定を行うのかが，問題となっている。税務会計公準論を用いて，その基礎的前提を明確としてもなお，課税庁と納税者との見解の相違が生ずることがあるため，その基礎的前提が不明確であれば，なお見解の

相違が生まれることが考えられる。このため，その基礎的前提は明確にすべきであろう。その基礎的前提については，統一的なものが望ましいと考えられるが，異なる基礎的前提により検討することも有益であるため，研究者あるいは実務家がそれぞれ考える基礎的前提を模索することも考えられる。このような検討により，税務会計学が更なる発展に繋がるといえよう。

注

1) 富岡幸雄『税務会計学原理』（平成 15 年，中央大学出版部）23 頁。
2) 富岡幸雄・前掲注（1）25 頁。
3) 富岡幸雄・前掲注（1）26 頁。
4) 環境省『環境会計ガイドライン 2005 年版』（平成 17 年）（3）。
5) 環境省・前掲注（4）3 頁。
6) 新井清光『会計公準論』（昭和 53 年，中央経済社）56-57 頁。
7) 広瀬義州『財務会計（第 13 版）』（平成 27 年，中央経済社）22-29 頁。
8) 広瀬義州・前掲注（7）23 頁。
9) 広瀬義州・前掲注（7）24 頁。
10) 広瀬義州・前掲注（7）25 頁。
11) 長谷川記央「会計学における社会的責任に関する研究：会計公準論と新たな会計領域である環境会計等」高崎経済大学論集 64 巻 1 号（令和 3 年，高崎経済大学）107-108 頁。
12) 長谷川記央「法人成りした場合の医師会の入会金等の繰延資産の取扱に関する研究」臨床医学情報創刊号（令和 3 年，日本臨床医学情報系連合学会）35-54 頁。
13) 環境省・前掲注（4）4 頁。
14) 環境省・前掲注（4）5 頁。
15) 広瀬義州・前掲注（7）23 頁。
16) 富岡幸雄・前掲注（1）535 頁。
17) 富岡幸雄・前掲注（1）535-608 頁。
18) 菅原計『税務会計学通論（第 3 版）』（平成 22 年，白桃書房）18 頁。
19) 菅原計・前掲注（18）18-20 頁。
20) 成道秀雄『税務会計―法人税の理論と応用―』（平成 27 年，第一法規出版）14-23 頁。
21) 成道秀雄・前掲注（20）22 頁。
22) 環境省・前掲注（4）32 頁。
23) 環境省・前掲注（4）31 頁。
24) 環境省・前掲注（4）2 頁。
25) 広瀬義州・前掲注（7）259 頁。
26) 長谷川記央・前掲注（11）105-106 頁。
27) 広瀬義州・前掲注（7）25 頁。
28) 吉田寛『環境会計の理論』（平成 23 年，東洋経済新報社）68 頁。

29)　長谷川記央「相続税法における営業権の取扱い　割引現在価値法等に関する税務会計学的視点からの意見」月刊税務事例第 54 巻 7 号通巻 634 号（令和 4 年，財経詳報社）34 頁。

30)　長谷川記央・前掲注（29）40 頁。

7 討論　人権と税制・税務行政

〔司会〕

　阿部徳幸（日本大学）

〔討論参加者〕

　石村耕治（白鷗大学）／大城隼人（青山学院大学）／粕谷幸男（税理士）／木村幹雄（愛知大学）／中村芳昭（青山学院大学）／長谷川記央（税理士）／平石共子（税理士）／増田英敏（専修大学）／松井吉三（税理士）／宮崎裕士（九州情報大学）／望月　爾（立命館大学）／八代　司（税理士）／山本直毅（松蔭大学）

司会　それでは，シンポジウム報告の質疑討論を行います。まず，山本会員の報告に対して石村理事長より質問がございます。では，石村理事長，お願いいたします。

石村（白鷗大学）　若手の研究者が，地域言語である日本語だけで勝負しようという傾向が非常に強くなっているのですが，山本会員は外国税法にも挑戦されて，非常に敬意を表しています。

　ただ，我が国は，どちらかというと納税者を義務主体と見る伝統が強くて，納税者を権利主体として見ようとする傾向が，OECD 各国やアメリカなどと比べると非常に対照的なわけですね。それから，納税者権利救済手続においても，課税処分に対する救済手続は，国税不服審判所など，それなりに制度は整っています。しかし，課税庁の税務調査その他自力執行力を行使した事実行為に対する救済措置というのは極めて貧弱です。事実行為については，国賠訴訟による司法救済の道は開けていますが，行政追従のいわゆる消極的司法の土俵の中で納税者が勝つのは至難です。

　アメリカの課税庁（IRS）の納税者権利擁護官サービス（TAS）担当官はおおよそ 2,300 人で，全職員の 3％です。一方，平石会員が報告された我が国の納税者支援調整官 73 人プラス 1，沖縄を入れて 74 人です。税務行政では民主国家の香りがしないのですね。サービス主導の税務行政，それから税務行政上の事実行為に対する苦情処理システムや手続の整備をどのように進めていったらいいのかをお教えいただきたいと思います。とくに，税務専門職制度の改革の視点を含めてご意見をお聞かせいただければと思います。よろしくお願いいたします。

山本（松蔭大学）　まず，石村先生から

ご質問いただきました内容につきまして，ひとつずつ回答させていただければと存じます。

　課税庁の税務調査その他自力執行権を行使した事実行為に対する救済システムが極めて貧弱というところなのですが，私はアメリカ租税法の行政手続を研究して驚いたことがありまして，我が国では税務調査に対する回数制限などの研究もなかったり，あるいはハラスメントに関する情報もないという状況で，私が先日LEX/DB で検索したところ，やはり人種差別的な発言であったり，性差別的な発言であったり，卑猥な内容を使って相手を脅すような言葉とか，そういった行為に対する統制というのが日本では全くとれていないということが確認できました。ですから，発動要件だけ定めているような形ではなくて，行使している最中の段階に対する法的統制というものが日本にも必要だということを強く感じています。

　国賠訴訟による司法救済の道が開けているという点につきましても，アメリカの内国歳入法典（IRC）では，個別に税務職員が違法行為をした場合の民事責任に関しても規定されていて，第1次から第2次納税者権利憲章にかけてかなり強化されている。一方で，我が国では国賠のみという形になっていて，日本において税務職員から違法行為を受けた場合，事実的な行為を受ければ，救済されるかということがたぶん国賠法だけでは分か

らないというところがまず問題があると思いますので，そういった意味でも，税務職員による脅迫などの違法行為に対する賠償責任を明確化して法律に規定していくほうが私はよいと考えています。

　また，平石先生がご報告されていますが，納税者支援調整官につきましては，まずはその名称を変えたほうがよく，いちばん最初に調整とか，仲裁とか，そういった考え方ではなくて，権利を擁護するという考え方に基づいてあらためて制度を構築したほうがいいというのが私の考えです。

　重加算税などの民事罰もそうなのですが，結局，賦課決定をするか否かという検証作業の際に，決定する人が中立的公正な立場の人ではなくて，組織内部の人がそういった内容を決めていくという点に問題があると私は感じていますので，これも同様に，支援調整官が公正な立場なのか，関わったことがない職員なのかとか，そういった点からあらためて今の組織から分離した適切な権利擁護官という形で制度が構築できればと考えています。さらに，人数が極めて少ないので，これを有識者なども入れて増やしていくべきです。

　そのほか，たまたま質問検査権で収集した証拠を犯則事件に利用できるかという点について，石村理事長の判例評釈を拝見させていただいたときに，警察官には警察官職務執行法というのがあるというご指摘があり，警察官の職務は生命・

身体の自由への制限が含まれているから，憲法31条の観点から立法化されているのだと思うのですが，同じように，課税庁も個人の自由や財産権を侵害する可能性があると思いますので，税務職員の執行上の職責を明記するような組織を規律する法律というのを明確に日本でもつくっていったほうがよいのではないかと考えています。

司会 続きまして，長谷川会員から質疑が出されております。お願いします。

長谷川（税理士） 7ページの納税者権利憲章や宣言という形式によらずとも，当事者を規律する一般文書やガイダンスという形式もあるが，納税者権利憲章でなくとも納税者の権利が尊重され，保護されていることは強調されなければならない，という記述がありました。納税者は，租税法律主義に基づいて納税義務を負うため，理論的には不当に課税されないという合法性の原則の前提に立てば，必要以上の税額を支払うことは予定されていないとの記載があったと思うのですが，この権利というのは，誤った行政権の是正を納税者の権利と先生は考えられているのか，いないのか，という点をお聞きしたいと思います。

山本（松蔭大学） 7ページの上側の質問と関連して，下側を答えるという形でよろしいですか。

長谷川（税理士） 先生のお答えしやすい形で大丈夫です。

山本（松蔭大学） 昨日，望月会員がご報告していただいたように，権利として納税者が主張できるようになるまでは，憲章あるいは宣言だったり，パンフレットをつくって公表するという段階から，直接的に納税者が使えるようにするために法的根拠というものが必要になってくると思うのですが，アメリカの第3次納税者権利章典の1203条において税務職員の解雇事由というものが規定されています。

しかし，アメリカでは，結局，行政組織内部の内規のような形になってしまって，それがちゃんと適用されているのかどうかが分からないという問題が起こってしまっています。内国歳入法典（IRC）にそれを編入しないと外形的に解雇事由を明らかにすることができない，あるいは法的根拠として使うことができないことになっております。第3次章典の1203条では合法性の原則だけの問題ではなくて，税務職員が滞納処分をする際に故意に長官から署名をもらうことを怠った場合や，アメリカの市民権であったり，合衆国憲法に反するような行為，あるいは財務省規則に規定されているような行為，これらに違反するような行為をした場合には職員は解雇されるとなっております。税務職員がわざと違法行為をすることが前提になってそういった規定が設けられていますので，決して合法性の原則とか，法律適合性の原則といわれるようなものだけではなくて，行政の恣意的な課税を拘束するという意味でも，その規定は存

在しているのだと私は思っています。

長谷川（税理士）　もう1点だけ，今の回答に質問です。そうすると，日本の場合を考えると，もし納税者権利憲章をつくるという話になって，日本の現行の租税手続法には十分ではない点があるから，より納税者の権利を守るために，租税法の中なのか外なのかはちょっと分からないのですが，それで規定して守る必要があるのかという点について教えていただきたいです。

山本（松蔭大学）　それは手続的権利なのか，実体的権利なのかという話ですか。

長谷川（税理士）　今のだと，要するに職員の方が調査や滞納処分の段階で不適切な言動があって，それに対して国賠だと不十分だという話だと思うのです。それはごもっともだと思うのです。そうすると，納税者の権利，山本会員の今の話だと，日本の今の手続法が，十分に納税者の権利が守れないような法律だから，別途に納税者憲章が必要だというご見解なのかなと推測したのです。

山本（松蔭大学）　納税者権利憲章や納税者の手続的権利につきましては，憲法上の根拠条文とか，租税手続法上の根拠条文があるかないかにかかわらず，法の支配の原理の下で当然に認められる権利だと考えています。

長谷川（税理士）　その点をもう1回お話し下さい。

山本（松蔭大学）　恣意的な国家権力の行使から国民の権利を守るという意味で，

確認的に規定していく必要があって，行政にも納税者にも明示できるような形でやっていくのが，法の支配の原理だったり，公正性の原則といった観点からは妥当なのかなと考えています。

長谷川（税理士）　規定がなくても守らなければならない話だったので，例えば租税法の規定がなくても守られなければならないというその根拠というのは，法の支配というのは具体的にどういう意味でしょうか。

山本（松蔭大学）　法律にしたほうがいいと言っているのは，議会の承諾の原則があるという意味で，ちゃんとそこで議会の承認を得て法律にしたほうがいい。法の支配のほうは，権力分立とか，近代的立憲主義の観点から，そもそも統治機構や権利の人権規定というのが設けられているのは，国民の権利を保護するためにそういった仕組みをつくって初めて保護できると考えているので，同様に納税者権利憲章という，宣言するような考え方も，上位の原則というのかな，法の支配というのは。

　すみません，これは宿題にさせていただいて，あらためて適切に答えられるようにいたします。

司会　会場からは以上ですが，オンラインのほうで，もしご質問やご意見がある方がありましたら，リアクションの挙手という形でお願いします。増田会員からコメントがあります。増田会員，お願いします。

増田（専修大学）　今，山本会員への質問は法の支配から納税者の権利をどう守るということにつながっていくのか，飛躍があるのではないかという趣旨の質問だったように思います。私が思うには，当然法律主義自体，憲法84条，30条が定めるように国家権力，課税権が恣意的な課税を行わないという原則ですが，何のために恣意的課税を行使しないといけないのかといったら，これは主権者である国民の権利を守っていく，財産権を守っていくということで，やはり当然租税法律主義が目指しているところは，納税者の権利保護なのだと思います。

　ところが，我が国は，今，石村理事長からもお話がありましたが，納税者の権利思考というのは，歴史的にも培われてきていなくて，それを納税者の権利憲章の導入などいろいろ試みられたわけですが，そういったものに対しては義務的思考が強すぎて定着していません。そうすると，そういう土壌ができていないところで法制化していく，通則法の税務調査手続の規定を改正しても，裁判所自体が何のための調査手続の制定だったのかというのを忘却して，勝手に解釈していくというところが抜け切れていません。やはり本学会で，なんとかこういう土壌をつくって納税者の権利を守っていくという，そのための租税組織であるし，それを中心に据えていかないと，これからますます国民に税をはじめ負担を強いる国家になっていくわけですから，これは手

遅れになるというふうに私は思っています。なんとか納税者の権利保護の思想というか，望月会員のすばらしい報告もありましたが，外国にどこまで遅れていくのかというところを，やっぱり危機感を持つべきだと考えます。その意味では，今日の学会のテーマは非常にすばらしいテーマだったと思います。

　山本会員の研究課題は，法の支配から納税者の権利をどのように守っていくのかということの試行錯誤で，今後も研究されていくのだと考えておりまして，ご質問はまさに山本報告の本質的な問題点というか，課題を指摘されたということで，非常にありがたく思っています。

司会　では続きまして，望月会員に対して，長谷川会員から質問があります。よろしくお願いします。

長谷川（税理士）　租税は「非対価性」のものであり，社会秩序に必要なコストとして国民が負担することを求められていることから，「納税の義務」として捉えられていると思います。当該コストを負担することを選択することができず，国民は当然にその負担を負っているといえます。その意味では，租税を義務として捉えているので，それは首尾一貫していると思います。国税徴収法の8条がその代表的なものだと思います。

　そこで，お聞きしたいのは，「納税者の権利」は，「納税者の義務」とそれに対応する権利として先生は捉えられているのかという点と，法哲学における権利

論のような「選択可能性」を意味するの
かという点です。教科書的にいうと対価
性がないとして，「納税者の権利」と捉
えた場合に，納税者の選択可能性を意味
するような考え方だと首尾一貫しないの
で，ここでいう権利というのは，先生は
どのように捉えられているのか教えてい
ただきたいと思うのですが，いかがでし
ょうか。

望月（立命館大学）「納税者の権利」に
関する非常に本質的ご質問をいただきま
して，どうもありがとうございます。

　先ほど増田会員からもご紹介ありまし
たとおり，基本的な一般の理解からする
と，憲法30条の納税義務が規定されて
いるのだから「納税は義務」ではないか
というお話だと思いますが，まず，憲法
論や憲法史の観点から少しお話しさせて
いただきます。

　これは三木義一先生や憲法史の専門の
先生が明らかにされているように，日本
国憲法における30条の納税義務の挿入
というのは，事後的に補足的にされたも
ので，立法史から考えると，これを「義
務」ですということを明確に強く国民に
対して主張するために定めたものではあ
りませんでした。衆議院での審議の中で
付け加えられたもので，実はもともとの
日本国憲法案には「納税の義務」は入っ
ていなかったのです。その当時の状況を
考慮して，追加的に入れたという経緯が
あります。そのため憲法論として「納税
の義務」をことさら強調することは誤り

といえます。

　一方で，憲法84条の租税法律主義を
どう考えるかということなのですが，こ
れは金子宏先生と北野弘久先生に共通す
るのですが，憲法84条租税法律主義には，
当然，納税者に対する権利ということを
想定して，国民代表である議会が法律を
定めるということで，憲法84条の解釈
や考え方の中に権利を含むことが前提と
なっています。さらに，そこから論者に
よって分かれるのですが，憲法31条の
適正手続等を重視されて，「納税者の権
利」というのは「手続的な権利」という
ことで，山本会員の報告では，この「手
続的な権利」についてふれられましたが，
基本的には，一般的な理解としては，
「納税者の権利」といえば「手続的な権
利」ということで，納税者が適正に納税
をすることに対して権利を持つとされて
きました。

　ただし，以前，関西の研究会で，田中
治会員から私に宿題としていただいたご
指摘として，「納税者の権利」には，いわ
ゆる「納税者の権利」と「納税の権利」
では違いがあるのではないかというお話
がありました。

　歴史的に追ってみると，例えば，フラ
ンス人権宣言は，13条で「納税の権利」
を規定しています。これは，租税法律主
義的に加えまして，税に関する使途，使
い道に対する納税者のコントロール権と
いう意味も含んでいます。ですから，フ
ランス人権宣言におけるもともとの民主

135

主義の出発の時点では,「納税の権利」というのは,まさに一種の参政権的な要素も含んでいたといえます。特にフランス人権宣言は人民主権ということで,その中に13条が定められたということは,納税自体が一種の積極的な権利で,税に国民が関わる権利があるというような,その意味での「納税の権利」というのがあるのではないかと考えています。

一方で,もう1つが「納税者の権利」についてですが,先ほどから申し上げていますように,いわゆる「手続的な権利」と,小職の報告でも,イタリアのピストーネ教授たちILAの研究グループの納税者権利憲章の国際モデルに関する最近の研究を紹介させていただいたのですが,納税者の基本的権利の中で「実体的な権利」が存在するものとされています。その権利の中には,平等権(応能負担の原則)や財産権,データ保護の権利などといった「実体的な権利」を,「納税者の権利」として,国際的な議論がされるようになりました。

従来は,「手続的な権利」が強調されてきましたが,国際的には,「実体的な権利」について,国際法学者の中でも1つの議論になっておりまして,これは我々の税法の研究者にとっても,納税者に対する「実体的な権利」は何が含まれるかということを,今後研究を進めていかなければならないということで,私自身,引き続き今後の課題として研究を進めてまいりたいと思います。

司会 続きまして,やはり望月報告に対しまして,八代会員から質問をいただいています。

八代(税理士) 今回の研究大会のシンポジウムのテーマが「人権と税制・税務行政」ということで掲げられたわけですが,今回先生が報告された中で,納税者権利憲章の国際モデルということで,ベントレー教授のモデル法をご紹介されていまして,法的権利と行政上の権利について規定し,法律の形式を取っていますが,批准を必要とするような国際条約等の基準を示すものではないと述べていますが,それは世界的な国際条約という意味なのでしょうか,国際的な権利条約をつくろう,制定しようという動きはあるのでしょうか。それぞれの各国で納税者権利憲章をつくろうという動きはあるのですが,それを国際的に統一するような動きはあるのかどうかということをちょっとお聞きしたかったのです。

例えば,権利条約の問題でいうと,いろいろな権利条約があると思うのですが,子どもの権利条約を1989年11月に国際連合が権利条約としてつくって,それを日本は1994年に批准しているのですが,そのような動きがあるのかどうかを質問させてください。

望月(立命館大学) 今のところ,「国際条約」という形で統一化されるという議論はありません。ただし,私の報告の中で紹介させていただいた,「EU納税者法のモデルのガイドライン」のお話のと

ころで少しふれさせていただいたと思い
ますが，EU は，そもそも欧州人権条約
や欧州基本権憲章など，EU 法の中で，
条約上の人権保護規定が EU 域内の市民
に対して直接的に適用されて，しかも，
それが欧州司法裁判所や欧州人権裁判所
で実際に司法審査の対象になっています。

　もう 1 点加えますと，「EU 納税者法の
ためのガイドライン」は，文字通り EU
諸国における税務行政や納税者保護の 1
つのガイドライン的なもので，ただ，そ
れを条約や指令にするというところまで
は議論は行っていなくて，1 つのモデル
にしながら，各国が国内法の中に標準化
された手続規定を取り入れていくという
ような形で想定されています。

　ダンカン・ベントレー教授のモデル憲
章の著作は，中村芳昭会員を中心に翻訳
が終わって，全体をチェックしている段
階です。勁草書房から出版される予定で
す。出版されたところでまたご覧いただ
きたいのですが，このベントレー教授も，
今，八代会員がおっしゃったように，1
つのモデルを提示しているのですが，こ
れを全部国際条約の形式で適用するとい
うところまでは考えておらず，あくまで
それぞれの条項を各国が判断の上，それ
を国内法に取り入れていくということを
想定しています。

　同じく，AOTCA を含めた国際的税務
実務家 3 団体におけるモデル憲章も同様
で，強制力を持つような多国間の人権条
約ではなくて，あくまで 1 つの国際的な

納税者権利保護や税務行政の調和という
中でモデルを提示し，そのモデルをそれ
ぞれの国が国内法に編入していくものと
されています。国際課税の OECD のモ
デル条約や国連のモデル条約にちょっと
近くて，一種のガイドライン的なもので，
それ自体が効力を持って国際的に拘束す
るようなものを指向しているわけではあ
りません。それを 1 つの標準として各国
が国内法，例えば先ほど山本会員と長谷
川会員との間の質疑でもありましたが，
そもそも日本の場合は国税通則法の名宛
て人は納税者，国民になっていません。
これ自体が，国際的にみると大きく遅れ
ていることになります。

　これは，三木義一先生を中心に平成 23
年改正では，国税通則法で納税者の権利
を擁護し，納税者の自主的な納税を促す
ような法律に変える方針が示されました。
いまだ実現がされていませんが，それが
まず第一歩ではないかと思います。その
うえで納税者の権利に対する市民への理
解をより広めるために，納税者権利憲章
や納税者権利保護法のような立法という
形ももちろんあります。先ほど山本会員
がお答えになられたように，納税者権利
保護法，あるいは警察官職務執行法のよ
うな税務行政を規制しその手続を定める
法律があるほうが国税のほうも手続を進
めやすいと思います。

　納税者の中には，善意の納税者もいま
すが，いわゆる悪質な納税者の方もいら
っしゃるので，それを「義務」というか

は別として，それぞれの信頼関係を醸成するようなツールとして，納税者権利保護法や納税者権利者憲章を制定・公共する必要があります。

ですから，まず，国税通則法を，納税者を名宛て人にする法律に変えて，立法で納税者権利憲章を制定することが望ましいと思います。もし国税通則法の手続の中で納税者の権利を保護する手続が整備されれば，行政文書で納税者権利憲章を導入することも一つの方法といえます。ただし，重要なのは，対等な立場で納税者と課税庁がそれぞれ信頼関係を構築していくことです。報告でもふれたように国際的には税務行政は納税者サービスとされており，サービスを提供する側とサービスを受ける側とが対等な関係において信頼関係を醸成していかなければならず，そのために納税者権利憲章が必要なのではないかと考えています。

そういう意味で，各国の租税手続法制や納税者権利憲章を参考にしながら，まず国税通則法を見直すべきです。国税通則法の改正の課題としては，納税者の権利保護手続を規定するだけではなくて，デジタル化への対応，特にデータ保護に関する具体的な定めが必要です。

最近，税理士の先生方から税務調査において，課税庁よりデータの提出を求められることが多くなったという話をよくうかがいます。アメリカの例は，石村理事長が「月刊税務事例」で紹介されていますが，内国歳入マニュアルの中でどの

ようなデータをどう処理するか公表されています。例えばパスワードをかけるとか暗号化するとか，そういう取扱いまでも全部公表されています。日本では，それが今分からない中でデータを渡してしまって，果たして税理士の先生方，自分のお客さんのデータが守れるのか。もしかしたら，営業の秘密の漏えいにつながったりするケースもあるかもしれませんが，そういうルールもまだ日本では明確にされていないのです。

納税者の情報やデータをどういう形で管理していくか。データ自体は，ヨーロッパの一般データ保護規則（GDPR）のように本人に権利がありますので，本人の権利を保護しつつ，でも，税務行政は税務行政としてその利用を進めなければいけませんから，そこのところで具体的なルールを詳細に定めておかなければならないのではないかと考えています。

司会 望月会員への質問は以上です。続きまして，平石報告に対しまして，石村理事長から質問があります。

石村（白鷗大学） 平石会員，情報公開法を駆使して，実務家ならではの実証的な報告，非常にご苦労さまでした。文献だけ使う学者の報告と違って，情報公開法を徹底的に使って納税者支援調整官について，行政内部の実情を明らかにされたことに，私は大変評価しています。

先ほど山本会員にもご質問したのですが，我が国においては，事実問題について苦情処理をするのが納税者支援調整官

で，今沖縄を入れて74人いるのですが，調整官の法的所在とか活動の公開も，現状報告も全く何もないし，不透明なのですね。一方，アメリカの場合は，納税者権利擁護官が，全職員の3％程度，つまり約2,300人います。そして，年間30万件ぐらいの苦情処理をしています。ところが，昨日の平石会員のご報告では，とにかく直近2年間は100件にみたないという状況なのです。人口比を考えても，このシステムをどうするかは再検討しなければいけないのですね。

　先ほど望月会員の報告でもあったように，納税者を権利主体に変身させるには，我が国の貧弱な納税者サービスの大改革がいると思うのです。そうでないと，納税者権利憲章を，行政文書や立法でつくっても，絵に描いた餅になってしまうと思うのです。

　官による納税者サービスの改善について，税理士会ではどういう発言をしていらっしゃるのか。現状は，とても信じられないような，納税者が義務主体であるような，税理士は課税庁のお手伝いをするようなスタンスであると思うのですが，税界の動きをご教示いただければと思います。

平石（税理士）　非常に難しい質問というか，何と答えたらいいのか分からないところもあるのですが，私も縁があって納税者支援調整官についてずっと調べてきていますが，もちろんこのコロナ禍の問題もあって苦情処理件数が減少してい

るのも事実です。納税者自身がもし税務署と，別に税務調査に限らず対応した場合に，何か不満に思ったりとか，おかしいと思ったときに，税理士の中には例えば請願権を活用した請願書の提出や，税務署内部での処理，苦情申立てというのがあって，それもかなり迅速に答えなければいけないということになっているため，そういう仕組みを活用したアプローチでとっています。

　まず，そのような中で納税者支援調整官制度自体を税理士でも知らない人が多いというのが実態だというのが明らかになったと思います。では，どうすればいいのかですが，税理士会自体の動きというのは，私は全然知らなくて，答えにならないのですが，結局，思うに，個別の税理士が対応した場合は税理士が個別に闘っているというのですか，個別問題で闘っていて，制度的なものとして税理士会が何か述べるというか，多分やっていないのではないかと思います。これはきちんと調べなければいけませんが，後々ご報告はさせていただきたいと思います。

　私たちがやっぱり問題提起していかないといけませんが，どういった形で問題提起すればいいのかというのは検討します。例えば税理士会の中に総会もありますし，税理士会は官公署に対して建議権を持っていて，税制改正についてはそういう権利を推しているわけですが，日税連はたしか「納税者憲章」なのですよね。東京税理士会も「納税者権利憲章」は一

応導入の方針をとっているのですが，ただ，それに対して具体的な運動というのが大きく進んでいるとはちょっと思えないので，税理士会としても取り組むべきであるというようなことを我々からも言っていかなければいけないなと思いました。

引き続き調査して，とりあえず変えていかなくてはいけませんし，情報公開制度を使っていくというのも1つの改善です。昨日も言ったように通達も公表されていないので，通達を公表するというのはどうも国税庁の総務課の人に言わせれば，そういう声が上がれば検討するみたいなことだったので，こちらからやっぱり声を上げていかなくてはいけないと思っています。

司会 引き続き平石会員の報告につきまして，粕谷会員から質問が来ています。

粕谷（税理士） 私は，人権問題，納税者の人権という立場でご質問したいのですが，税理士の仲間で，実際，今現在，滞納相談センターという税務相談，徴収法に関する税務相談をボランティアで受けていまして，相談の大半は国税ではなくて地方税になっています。コロナがはやってサラリーマンの方たちが職業を失うとか，所得が下がって，どうしても住民税，国保税は半年から1年遅れで請求が来てしまって，生活そのものは通常の生活費がかかって，結果として税金が払えないということで，どうしたらいいのかという知識もないので，行政には，た

だ通知が来た，滞納の督促とか来てもどうしていいか分からないので，生活に追われて，結果として差し押さえの通知が来たときに，私どもの滞納相談センターに電話がかかってきます。

これは先生方も分かるように，通常の勤務者の就業規則では，差し押さえをされると，解雇条項が入っていますので，下手すると解雇されてしまう可能性があります。ある程度大きな会社になりますと解雇されてしまうという状況もありますので，本当に必死な状態で電話が来ます。そういう税務相談のボランティアをやっていまして，地方自治体は当然国税徴収法の規定に基づいて事務作業をやるわけですが，もう強制徴収のみなのです。納税者は現在，先生方ご存じのように，我が国では税金の免除制度がないので，原則分納なのですね。分納すら，2年間の分納制度があるのですが，地方税の税務職員は，そんなことを知らずに，要は強制徴収の差し押さえのほうが簡単なので，どんどん行うわけです。

そういう状態の中で，地方税において，先ほど国税では納税者支援調整官が納税者への助言ができるという話がありましたが，例えば分納制度が2年間できるというのを地方税では，担当者が全く分からない場合もあります。特に地方税は，いろんな部署の方が異動で来ますので，当然知識もありません。そういう中で，納税者支援調整官という制度があれば，納税者がさらに担当者にひどいことを言

われても訴えられるのですが，地方税の場合訴える場所すらないのです。それで，どうしても私ども税理士に相談に来るのですが，そういう場合に，納税者支援調整官のような制度が最低でもあればまだしも，地方税では，一体全体こういう制度があるのかないのか，あるいは仮に似たような制度があったとしたらどういう状況になっているか，ぜひご紹介いただければ大変ありがたいと思っています。よろしくお願いします。

平石（税理士）　今，粕谷会員が言った滞納相談センターは，私も末席にいて，実際滞納の相談員をやっているので話はよく分かります。地方税に関してなのですが，もちろん今回きちんと調べているわけではないので，苦情を受け入れるような機関というのがあるかどうかは調べてみないと分からないのですが，今活用できるのは生活困難者に対する，正式な名前は忘れてしまったのですが，対応してくれる自治体の担当部課が必ずあります。しかし，自治体によって本当にその人の生活状況を聴取して，まずは税金を止めて改善するというような相談に乗る課もあれば，同じ名称なのに，電話してみると全然そんなことはやっていないというところもあります。ただ話は聞きますが，そんなことは自分たちがやっていないという回答もあるので，やっているところを調べてどんどんそれをまずは広めるというのは重要だと思っています。

　滞納相談センターは，当初立ち上げた

ときは，消費税の滞納者が非常に多いのでその相談に乗るという，もっと金額の大きなものと考えていたのですが，換価の猶予の制度が入ったことがあったのか，法人よりは個人となったのですね。個人でも所得税の換価の猶予を国税で受けていれば，住民税もそれに従ってくれるのですが，先ほどのサラリーマンだったりとかという場合だと，本当にそれに対抗するものは難しいのが現状です。個人個人の交渉によっているのですが，サラ金から借りてでも，親から借りてでも払えぐらいのことを本当に平気で言うので，こういう処理機関があれば，まず，そのような言動を慎んでもらいたいというところから始まるのだろうと思います。その点については今後私も調べていきたいと思います。

司会　オンラインの方で中村会員からご質問があるようです。中村会員よろしくお願いします。

中村（青山学院大学）　平石先生の報告については，前に報告されたレジュメは一応拝見させていただいたのですが，文章になっていなかったので，その中では意味をつかむことができませんでした。

　そこで結局，長谷川博税理士が前に執筆された論文を参照させていただいたのですが，情報公開の記録によると，納税者支援調整官に対して，徴収問題についても苦情を申し立てている人の数が非常に少ないのです。確かにコメント情報を見ると必ずしもどこに制限をするとか，

制約がかかっていないので当然ですが，納税者支援調整官は，職務規定を見る限りは滞納処分にも対応できるということになっているはずなのですが，基本的に地位がはっきりしないということだとか，権限がはっきりしないとか，独立性があるとかないとか，そういうことがあるから，滞納の納税者が相談できるかどうかというのは非常に難しいのではないかという気がするのです。数が少ないというのは，そういうことを加味しているのではないかと思うのです。おそらくこれがはっきりすれば，滞納の相談というのはもっと増えるようにも思うのですが，いかがでしょうか。

平石（税理士） 滞納に関しての苦情の申立ての内容というのは，税務職員の態度についてですね。

中村（青山学院大学） 法律行為ではない。

平石（税理士） はい。実際に会社に来て，社員がいたりとか，いろんな取引先が出入りしているようなところで差し押さえをするとかというのを声を大きくして言ったとか，滞納の徴収係の税務職員を一面的に捉えるわけではないのですが，私も経験したことがあります。非常に強制調査のような，実際にそういう態度で来て，税理士の立会いだけは許されたのですが，あとはみんな外に出ろと，関係者以外は出ろとかそういったことを，ちょっと普通の税務職員の調査とは違う態度ですることがあります。それについて，

それでいいのかという問題で，たぶん苦情申立てに来ている部分というのは，まず，それによって信用失墜だとか，社員の不信を招いたとか，そういうことが起きたということなので，滞納問題そのものということではないのです。

だから，納税者支援調整官も，そういった部分については謝罪するということになっています。しかし，滞納の問題について今後も引き続きやりましょうみたいな，ただ適切な態度でするようにということをやっているということだと思います。

それで，納税者支援調整官が権限がない，確かに権限が限られてはいるのですが，税務署長や総務課など，とにかく担当者本人ではなくて，その上にまでこういう申立てがあったということは通知されるのですね。そうすると，受けたほうはそれを受け止めなければいけないので，受け止めた人の判断にもよるのですが，一定の効果というのはあると思います。一応は納税者支援調整官から，そういった苦情が税務署に対して来たのだという受け止め方をするので，それなりの機能はしていると思っています。

石村（白鷗大学） ちょっと分けて考えないといけないのは，事実行為と処分とは違うというところがなかなか，税理士の先生方にはわかっていただきにくいかもしれませんが，法律系では処分については不服申立制度とかがあるのですが，事実行為について，つまり課税処分に至

る前の調査とかそういう問題について主体的に扱うのが調整官や権利擁護官の仕事なのですね。処分が行われてしまうと，それについては通常の不服申立ての手続に入ってしまいます。そこのところがなかなか，私もいろいろなところで話しても，税理士の先生方は法律の専門ではないから，事実行為なんて初めて聞いたという人が7割ぐらいなのですね。処分と事実行為の違いがよく分からないでこの調整官の問題をやると，課税処分を受けた，滞納処分を受けたからといってそこへ突っ込んでいかれても，処分は扱わないわけだから，そこのところをきちんと分けて議論してほしいですね。だから，何をやっているのか分からなくなってしまうのですね。そこだけはひとつよろしくお願いします。

司会 平石会員への質問は以上です。次に木村報告に対しまして，石村理事長から質問が来ているのでお願いいたします。

石村（白鷗大学） 年齢と権利の制限の例として，喫煙とか選挙権なんかを挙げているのですが，それぞれの法制上の制限が異なるのは当たり前で，租税政策とどう結びつくのか，それに非常に違和感を感じていて，まず，なぜこういうものを挙げたのかということを教えてください。

それから，今回の報告は年齢だけが対象ということで，ジェンダーなどは論外ということです。確かに我が国の国外居住親族などへの人的控除の適用ルールなどは非常に不透明です。ただ，年齢要件を課すことが人権とどう結びつくかが，私の考えとしてはちょっとしっくりきません。それから，メルクマールとして訳が分からないですが，基準として憲法11条や97条のプログラム規定を挙げていますね。これも，なんでこのようなプログラム規定を挙げて話しているのかというところがよく分かりませんでした。抽象論的に国際人権規約などとぶつかるということなのか，そこが分からないのです。

我が国の憲法は，自由権と生存権を保障していますが，報告では，公的年金等を素材としているのですが，仮に年齢要件を課すことが合理性のない差別につながるのか，あるいは生存権を侵害するということであれば，憲法14条や25条などが基準ではどうなるのかというのがちょっと分からないのです。ですから，租税政策について論じているということなのですが，租税立法の違憲訴訟の裁判例などを取り上げないと，法律学専攻の私ども研究者から見ると，羅列だけで何を論じようとしているのかが非常に不透明に映ってしまうのですね。だから，その辺について教えていただきたいのです。

木村（愛知大学） まず1点目ですが，最初に喫煙や選挙権などは，ただ年齢というので導入部分で取り上げただけです。もちろんこれが租税政策に結びつくわけではありませんので，話の流れの中で紹介ということですので，ご理解いただき

たいと思います。

　2つ目ですが，今回の報告では，全く年齢だけで取り扱っていますので，最終的な結論としてはやはり年齢だけではなく，年齢はあくまでサブ的なもので，メインはやっぱり所得とか，それ以外のところでの控除をしていくべきだというところになっています。ただ，話の切り口として，年齢を中心に取り扱ったのが今回の報告になります。

　あとは，適用ルールが不透明ということで，外国人を差別的に扱ってはいけないなということで，人権と結びつけて考えています。

　そして，憲法11条，97条ですが，これは人権の部分の憲法の教科書を読んだら，基本的人権の尊重というのがこのあたりに載っていたので，最初のところで紹介したということで，申し訳ありません，深く考えておりませんでした。そして，憲法14条，25条ということですが，このあたりも，申し訳ありません，よく分かりません。

　そして，租税立法の違憲訴訟の裁判例ということですが，あるということも分かっておりませんので，今後の課題とさせていただきたいと思います。

石村（白鷗大学）　やっぱり憲法論を扱うときは，法律学者から見ると，あまりにも粗雑だとちょっと本人の資質を疑ってしまうのですよね。だから，木村会員は法律学の専門ではないと思うので，もし扱うならばプログラム規定というのは

何をどういうふうに重んじるのかや，基本的なところを学ばれたほうがよろしいと思います。参考文献としていっぱい挙げているのですが，読み切れているかどうかちょっと心配になった感じでございます。いろいろときついことを言いまして，申し訳ございません。

司会　続きまして，木村報告に対して，粕谷会員から質問があります。

粕谷（税理士）　先生のご報告で，税法の切り口として，年齢要件という切り口で税法を見ると。それはそれでいいのですが，その中で成年扶養控除についての政府税調の議論の紹介があるのですが，税調では，成年者は基本的に独立して生計を立てるべき存在で，一律に扶養控除の対象に位置づける必要性は乏しいと考えられますと紹介されているのですが，先生の個人的な意見がないので，人権論からどう評価されているのかよく分かりません。

　実際に実務をやっていて，成人のひきこもりとか，あるいは親の介護のために仕事を辞め，要はどうしても親の所得で食べて，親の介護をするという状況があります。そういう状況と，今の独立すべきという税調の意見で，それしか引用がないので，先生はそれに賛成しているのかどうかが全然見えないので，私個人的には，税理士としての現実的な活動からそういう状況で，やむを得ず成人扶養になるような方がいますので，人権論からいってどうなのでしょうか。先生のご意

見をお聞かせいただければと思います。よろしくお願いします。

木村（愛知大学）　ご質問いただきありがとうございます。私も税理士をやっていますので，昨日も，ご報告させていただいた中でも触れさせてもらいましたが，30代，40代の子供を扶養にしているという人もやはりおりますし，あまり内容を深く聞けないというか，それぞれ皆さんいろいろ事情はあると思いますので，このときの成年扶養控除というときには，障害者はたぶん扶養としてかまわないとして，それ以外だとだめということだったと思いますが，障害といっても人によって本当に障害か障害ではないかというふうに分かれないとも聞いたことがあります。いろいろな状態があって，障害にはなっていないのですが普通に働くことができない，働きにくい状態というか，そういう理由をそれぞれ皆さんお持ちだと思いますので，ご質問の趣旨からすると，扶養控除の対象からはずす成年扶養というのは，私の考えとしても設けるべきではないと考えています。

司会　続きまして，同じく木村会員に，宮崎会員より質問が来ていますので，お願いいたします。

宮崎（九州情報大学）　先生のご報告のスライド24の終わりに，公的年金等控除の根拠がないという記述があります。公的年金等控除の対象は基礎年金だけではなく，厚生年金やDB，DC等の個人の現役時代の報酬額や付加納付などの個人の事情に属するものがあると思います。そのため給与所得控除のように，応能負担を考慮したブラケットが必要かと思われるのですが，この点について先生のお考えをご教示ください。

木村（愛知大学）　個人の事情によるというのは，年金によってだいぶ差があり，差は大きいという意味かなと思うのですが，私についていえば，もらえる年金はほとんど基礎年金だけということで，頑張って長く働かないといけないなと思っているところです。

　昨日，公的年金の収入イコール所得としてもいいのではないかと，給与の場合は一定の必要経費が概算経費としてかかっているというころで給与所得控除が差し引かれるということですが，年金の場合にはそのようなものはあまりないということでいいのではないかと思います。ただし，単にそれをやめてしまうということであれば，大幅に所得税負担が増えてしまうことになります。そうではなく，例えば基礎控除を引き上げるとか，老年者控除を復活させるなど，これは以前の50万円に限らずそれ以上でも構わないと思うのですが，年金収入だけというわけではなく，年金プラス給与，あるいは不動産所得のような他の所得，いろいろな所得を得ている人との公平性を考えても，公的年金控除で大幅に差し引くというよりも，それ以外の控除を考えたほうがいいのではないかと考えています。

　この場合には，所得ベースでは大幅に

増えるということもありますので，その場合は社会保険料の負担などにも配慮が必要かなと考えています。

司会 次に，松井会員から木村会員に質問があります。

松井（税理士） 木村先生の報告，大変分かりやすくていいなと思いました。弁護するに，木村会員はもともと財政学が専門ですので，そこら辺でちょっと足りない分があったかも分かりませんが，租税の公平という形を目指しているということでは，法律学，財政学も必要ですのでお願いいたします。

　問題点ですが，公的年金控除を廃止して老年者控除を復活するというようなご報告なのですが，先ほどは基礎控除を上げて老年者控除も上げるという話でした。これは日本の税制の独特の問題として，結局，基礎控除の水準が低いことに原因があると思います。扶養控除と基礎控除で縛ったりして，そこで結局ある程度低所得者でも課税されてしまうという部分があります。結局，最低生活者，免税がしっかりしないものだから，その分，給与取得控除，それに見合うものとして公的年金控除があったと思うのです。そういうことで，結局，老年者控除を復活させるというのも一つの方法なのですが，大幅に基礎控除を復活すれば全ての問題が解決するとは私は思いません。

　アメリカの制度が常識で，全ていいとは私は思いませんが，標準控除みたいなものがアメリカはあるものですから，給与所得控除はありません。結局，社会保険料控除は，日本では払ったときに引いていますので，もらったときに控除する必要は租税理論的にないと思います。そこら辺のご意見を賜れればと思います。

木村（愛知大学） 今お答えさせてもらった基礎控除に関しては，今回のテーマからちょっと外れますのでしっかりしたお答えはできないわけですが，老年者控除だけで全てを，公的年金控除を控える部分を全てをということはなく，基礎控除も交えてというところで，苦肉の策での発言だったというところもあります。基礎控除を変更しようとすると人数的にも大きな影響を与えますので，これをいくらぐらい上げるべきかとか，これ本当に引き上げられるのかというのは，ちょっと今回報告からはお答えできかねるところであります。

　もちろん基礎控除を引き上げるべきだという松井会員のお考えもありますので，そのあたりも一度検討してみたいなと思っています。アメリカの例というのも，一度参考にして，今回の年齢というのはなかなかそれだけで大きな成果は得られなかったと思いますので，年齢もサブ的に考えながら，所得などほかのところを見ながら，所得税の体系はどのようなものがよいのかということをまた今後考えていきたいと思っています。

司会 木村会員への質問は以上です。続きまして，宮崎報告に対しまして，石村理事長より質問があります。

石村（白鷗大学）　宮崎報告はなかなか，私も聞いていてすきっとしているなと感じました。人権論の捉え方も非常によろしくて，それなりに海外の文献を精査されていて非常に関心いたしました。

　質問ですが，人的資本会計の概念というのは，公準あるいは開示，どちらのレベルに傾斜して展開すべきなのでしょうか，教えてください。

　それから，人権デューデリジェンス，DD の視点から，人権面からのアプローチをいくばくか拝聴しまして，海外の下請企業などでの劣悪な労働環境などのリンクが今問われています。グローバルな視点からのサプライチェーンの透明化に向けて，法的なアプローチというのもあるのですが，いわゆる会計基準，会計公準あるいは連結会計などの面からどういうふうなアプローチが考えられるのか，特に消費者への開示制度の在り方を含めて，教えていただければと思います。

宮崎（九州情報大学）　最初の質問なのですが，これはおそらくその下の質問と関連するところもあると思いますので，まとめてお答えしたいと思います。

　人的資本会計の概念というのは，公準あるいは開示，どちらで展開すべきかということになるのですが，人的資本会計及び人的資本開示というものを人権と絡めて，特に今回紹介した人権を組織の安全衛生と幸福という観点から見るというところから考えますと，ご指摘のサプライチェーンの透明化に資すると考えられ

ます。ただ，これは公準となるか，つまり公準というのは本質として普遍であるものとか，そういったものをいうと思いますので，そうはさすがに言い切れないものがあるかなと思います。であれば，消去法で開示というようなお答えになります。

　続いての質問で，サプライチェーンの透明化の話になるのですが，税務会計及びその公準を考えますと，先ほどの公準論になるのですが，長谷川会員のご報告に挙げられましたように，武田隆二先生の有用性の公準というようなアプローチから考えることもできますし，富岡先生は税務会計公準をご紹介されていたと思いますが，ちょっと内容を思い出せないのですが，おそらく負担公平とか，負担能力とか，そういった税制の普遍的な内容があったはずです。そういうところで言えば，繰延資産でもご紹介したように，負担の公平という観点は入っていたのかと思います。

　ただ，サプライチェーンの透明化そのものについて，税務会計がどのように影響を及ぼすのかというのは今回触れられていませんでしたので，少しこれから検討したいと思います。ただ，連結会計が入っていましたが，連結の場合はのれんですね。資産等調整額とか，負債調整勘定とか，そういったものが関係すると思いますので，特に差額としてのれんが負ののれんになる場合というのは，サプライチェーンの透明化とか，そういった企

業のマイナスの部分が具現化されている
ということだと思いますので，そういっ
た場合はちょっと注意が必要になるのか
なと思います。

　また，法的制度というところを考えま
すと，開示というところで対応すること
になります。サプライチェーンの透明化
についてもそうなのですが，この開示と
いうのは，コーポレートガバナンスコー
ドに基づいて行われるということになり
ますので，コーポレートガバナンスコー
ドというのは制度ではありません。です
から義務ではないのですね。したがって，
そういうものがベースになっている以上
は，なかなか企業が，企業の義務として
そういったものを開示していくというの
を制度化するのは結構難しいことなのか
なと思います。

　ただ，1点，義務化しなければならな
いと思われるのは，開示内容についての
虚偽記載があった場合は，有価証券報告
書の虚偽記載と同様の性質を持つと思い
ますので，罰則を何かしら設けるべきな
のかと私は考えます。

司会　次に大城会員より質問があります。

大城（青山学院大学）　人的資本の評価
についてお聞きしたいと思います。既に
ご存じかと思いますが，ESG というと，
大量の資金が流れ込むということで，そ
のうちのガバメントの面でこういう人的
評価を，今後の経営を踏まえると人的評
価も，人的資産の拡充も大事になるとい
うことですが，結局これはどこに行き着

くかというと，役員報酬，短期役員，長
期という形で評価していきますが，人的
資本というのは中長期で，短期ではやっ
ぱり評価できないと思います。中長期で
やっていくのですが，それが役員側から
すれば業績報酬に関わってくるというこ
とで，非常に悩みの種になりますが，今
回は先生から見て評価の部分の金額につ
いて教えてもらって，また確認させてい
ただけたらと思います。

宮崎（九州情報大学）　我が国の会計基
準でまだ対応していない部分というとこ
ろで，国際会計基準を引用しながら考え
ていた部分になると思うのですが，評価
というところが，やっぱり直接的な貨幣
額評価，人的資本ですからその人の能力
を評価してしまうところもありますので，
なかなかどうしようというのは明確にお
答えしにくいということもあるかと思い
ます。

　ですから，予備的ではないのですが，
教育訓練の投資額とかそういったものを
ベースにして考えるというのは，若干，
報告の中でご指摘させていただいたと思
うのですが，人そのものの評価，成績と
かそういったものではなくて，どれだけ
従業員にお金を使っているかなど，そう
いったものをベースにして，役員につい
て考えればOJT なり，そういったもので，
どれだけ役員も勉強していますとか，そ
ういったことを評価の内容にするのであ
れば，あまりその違和感というか，反対
も起きないのではないかと私は思います。

司会　以上で宮崎会員への質疑を終わります。続きまして長谷川報告に対して石村理事長より質問がありますので，お願いいたします。

石村（白鷗大学）　私は会計分野が弱いのですが，環境という場合には，必ずしも自然環境だけでなく，人間環境全体について考えることも大事です。そうしますと，会計公準というのは，ずっと先生のお話を聞いていて，教科書的な納税の義務というところから進めていかれて，権利という面からコンプライアンスルールとして，どうアプローチしたらいいのか理解できなかったので教えていただきたいのです。

　それから，やっぱり最近，継続企業，ゴーイングコンサーン（going concerns）というのは，社会的責任（CSR）問題にはやはりサプライチェーン全体で人権侵害を把握して改善に取り組むべきだという，いわゆる人権DD，デューデリジェンスは非常に厳しく問われています。こういうDD指針と我が国の税務会計学のアプローチの状況について教えていただきたい。特にUN，PRIのUN Global compactとか，EU，OECDなどは，例えば海外の下請企業での劣悪な労働環境へのリンクなどを問うていますから，グローバルな視点からサプライチェーンの透明化ということを含めて，先ほど宮崎会員のほうから，法的にはなかなか難しいのではないかというお話がありましたが，私もそうだろうなと思うのですが，

そうすると税務会計とか，公準のほうで行くべきなのか，連結会計とかそういうものの中で見ていくのか，その辺の長谷川会員のご見解を教えていただければと思います。

長谷川（税理士）　時間の都合で先ほどご紹介できなかったのですが，環境会計については企業実体を企業集団として見ています。この場合に，当然その下請業者に，環境に悪い温室効果ガスなどを押しつけてしまう可能性があると思うのですね。そういう問題はやはり残ってしまうので，なかなかこの企業実体も，全体を捉えてというのは非常に難しいと思います。しかも，お金と違って気体なので，当然難しい問題として残っていくと思います。

　人権に関しても，当然ですが，企業全体，集団で見ていかなければならない問題だと私も思っていますし，宮崎会員と同様に，人権に関しての情報は開示していく，非財務情報として開示していかなければいけないのかなというのを先にお伝えして，お答えさせていただきたいと思います。

　今回報告に当たって外部報告目的の会計と内部報告目的を，環境会計のところでは両方扱ってしまっているので，報告の際には財務会計を中心に報告させていただいて，その点を最初に説明し忘れてしまって，大変混乱を招いたと思います。この点はおわび申し上げます。

　それに当たって，会計公準について，

貨幣的測定の公準だったり，会計期間の公準だったり，企業実体の公準というのを説明させていただいたのですが，広義に捉えれば，当然その公準ではない，管理会計については特に情報の利用者間で有効だと思われるものを記号として用いることができるので，当然ではないというご批判もあると思うので，その点は，先ほど休み時間にとある先生からご指摘いただきました。ありがとうございます。

その上で，外部報告目的の会計について，私は今回回答させてもらいますが，前者については，やはり貨幣的価値の公準の要請によって，財務情報は管理会計よりは狭義に取られていると思います。後者については，情報利用者の間で理解できるものであれば，貨幣的評価の公準で捉えられることなく会計情報を利用することができると思います。そういう意味では，採用する情報利用者の知識の程度によって会計公準というのは当然変わってくることがあるということはお伝えしておきます。

ほかの指標，情報利用者が知識を得て，貨幣的評価の公準の要請ではない前提を採用するとすれば，当然貨幣的評価と同程度に利用しやすい尺度，あるいはそれを超えるようなものでなければならないと思って，そのような研究として，今回は吉田先生の「kikyo」という単位を紹介させていただきました。今後は会計学の領域においてもさらに研究が進んで，要するに円以外，貨幣的評価以外の尺度

で分かりやすいものが開発されることが切に願われるところで，その意味では，貨幣的評価の公準については吉田先生がそのようなアプローチの方法を取っているということだと思います。先行研究ではそうなっています。

人間環境に係る会計公準として，今回，社会的責任を私はキーワードとして取り上げさせていただいたのですが，社会的責任というのは企業が取捨選択して企業が考えることができる責任を意味していて，人権については当然に負わないといけないものだとは思うのですが，法律的なもの以外の，法律に規定されていないから人権侵害ではないという結論に至らない場合もあります。人権は当然守らないといけないものなのです。

石村理事長のご指摘のとおり，人権については厳しく問われることが多くなっています。人権を侵害する企業については，社会的責任を充足していないということで市場から排除されることになります。そうすれば，法的責任がなくとも，社会的責任を充足できず，同時に企業存続の条件を満たすことができないので，企業が継続することが困難になると思うのです。したがいまして，人間環境に係る会計公準も従来の継続企業の公準そのものであり，要するに企業が継続するには人権は守らなければだめなのだと私は思います。当然，人権を尊重しなければならないという前提にあると私は考えます。

また，納税環境として租税教育の機会が重要だと思います。税理士会もやっていますし，私も小学校に教えに行っているのですが，同様に人権についての教育を充実させることによって，一般消費者が人権を尊重する市場を形成しなければいけないと思います。たぶん，ご質問もそういうご指摘なのではないかなと思います。先生のご質問の趣旨としては，私が思ったのは，人権あるいは人間関係に関する教育を行い，様々なアプローチを行うことが妥当であるという激励の言葉だと思ったので，私もそのような立場で，昨日の総会においても次年度のシンポジウムのテーマとして教育について研究がなされるということで，今後の研究が，すごく興味深く思いますし，楽しみにしています。

人権侵害に関する情報は，財務情報では人権侵害が明らかになり，企業が市場から受け入れられなかった時点で，売上あるいはアフターコストに影響を与え財務情報に表現されるという展開もあると思います。あとは，例えばIRなどの広報活動もそうですね。逆に言えば，それまでは開示されないということなので，情報の非適時性の問題はあると思います。その場合には，非財務情報で開示すべきではないかと，宮崎会員からもご指摘いただいたと思うのですが，そういう問題があると思います。この非財務情報については，コストベネフィットの見地からアプローチするというやり方も従来にも

あると思いますし，また別の研究手法もあると思うのですが，代表的なのはそういうものかと私は考えています。

ただ，非財務情報なので，どのような研究の手法であるのかという前提を明らかにしないと，結局は誤ったことが発信されかねないので，研究する際はその前提を明確にしたほうが私はよいと思います。

少なくとも企業が存続し続けられないとすれば，社会的責任を果たすこともできないわけですから，会計学でいう継続企業の公準は人間関係に係る会計公準に包含されると私は思ったので，継続企業の公準，伝統的な会計学の継続企業の公準，先輩たちがつくっていただいた公準が，人間関係に係る会計公準の1つであると結論づけました。

石村理事長からいろいろなアプローチを試したほうがいいのではないかという激励の言葉だと思うのですが，斎藤静樹先生の企業会計の基礎概念のほうにも，最近は実証研究が多くなってきて，そういう声が，あるべき論として理論的なところに対してどうなのかという指摘があるという記載がありましたが，やっぱり実証研究をやるにしても，何かの前提を置かないと実証研究もできないので，こういう理論的な研究も今後やっていかないといけないと私は思います。

お答えになっていないところがあるのですが，よろしいでしょうか。

石村（白鷗大学）　イギリスとかオース

トラリアなど諸外国では，サプライチェーンの奴隷労働禁止法をつくっています。奴隷労働禁止法とは，サプライチェーンが，児童労働などをさせてはいけない，という趣旨の法律です。わが国はつくっていません。しかし，人権DDの観点からこの種の法律の制定が急がれます。つくった場合，それは法律です。企業会計のような，公準とは異なり，任意の性格のものではありません。この点，日本の会計学会は人権DDについて新たな方向性を出して対応しているのか気になっています。

　それから，長谷川会員は，「私は，税理士として，税理士会で租税教育に懸命に取り組んできた。」とのことでした。私は，一度，税理士会の税理士がやっている租税教育を聴きました。ところが，人権とか，納税者の権利とか，一言も出てきませんでした。長谷川会員は，租税教育の中で一言でも納税者の権利にふれたことがあるのでしょうか。

長谷川（税理士）　私が個人的に租税教育をやっているときは，最初に，なんで租税教育を勉強しないかということを説明しています。国税徴収法の8条をとりあげ，滞納すると財産を差押えられてしまうから，損害が生じたり，ただ，適正に納税した場合は，納税者として行政権に文句を言うことができる納税者の権利のようなものがあるということは伝えられるように努力しているのですが，まだまだだったと今日思ったので，今後の課

題にしたいと思います。

　小学生を対象にやっているので，なかなか興味を持ってもらうところが特に難しくて，脅さないと聞いてもらえないというのがあって，要するに税は怖いものなんだよというところから入らないと聞いてもらえないことがあったので，脅すだけではなくて，守られるものでもあるのだということをもっと，そこは強調していきたいと思います。

石村（白鷗大学）　長谷川会員が心を入れ替えて，納税者の権利の教育をしてくれると言ってくれたので，非常に心強く感じました。

　税理士会の租税教育も問われていますが，税務署の租税教育にも問題があります。大学に地域の税務署が連絡してきて，学生相手に租税教育をしたい，というのです。何を教育するのかと聞いたら，税金がどう使われているかを話したいというのです。そんなのはやらなくてもいいから，確定申告書の書式を持ってきて，学生に還付申告のやり方を教えてください，といいました。そしたら，それはプログラムに入っていないから行くのはやめます，でした。税務署もそうですが，税理士会も，租税教育をもう一度納税者の権利面から抜本的に見直さないといけないと思います。

長谷川（税理士）　おっしゃるとおりだと私も思います。

石村（白鷗大学）　とにかく長谷川会員のような若い人たちは，どんどん今日の

152

望月会員の世界の動向なんかをよく頭の中にたたき込んで，新たな方向に，奴隷労働もなくなるようなひとつ会計公準のつくり方とか，そういったところにも努力していただきたいと思います。

長谷川（税理士）　一応誤解がないように。私は納税者権利憲章については大学院のときから賛成で，その権利というのが大切だなと思っていて，やはり納税者のほうが異議を申し立てたりとか，裁判にする，地方裁判所の判断を仰ぐのにコストがかかると思うのです。そこまでお金をかけてまでやりたくないという人が多くて，納税者が泣き寝入りしているケースがすごく多いのではないかと思います。

石村（白鷗大学）　ただ，それは処分の部分で，事実行為の部分をどういうふうに救済するかということが重要だというのは今日のお話なのですね。

長谷川（税理士）　もちろんそうだと思います。例えば個人的な話なのですが，納付書を出してもらえなかったりとか，私も結構そういう経験があって，納税者支援調整官の方にご相談したことがあったのです。相談させていただくとすごく対応がよかったので，そういう手続面も含めて，今後，より納税者の権利が保障されることを心より願っています。

司会　長谷川会員への質疑は以上です。これでシンポジウム報告に対する質疑討論を終了とさせていただきます。皆様ご協力ありがとうございました。

Ⅱ 一般報告

美術市場と税制

後 藤 和 子
(摂南大学経済学部教授)

I　はじめに─本論文の背景と課題

　近年，中国やシンガポールをはじめとしたアジア諸国でもアート市場への関心が高まっている[1]。日本でも，文化庁ばかりでなく企業経営者が集まる公益社団法人・経済同友会もアート市場の振興に関心を持ち，2021 年には『アート産業活性化に向けたエコシステムの構築』という報告書を出している[2]。その報告書では，日本のアート市場は，1991 年のバブル経済の崩壊とともに停滞し今日まで回復していないこと，日本におけるアート市場のグローバル化が遅れていること，諸外国に比べて税制面でのアート市場活性化策が不十分であること等が指摘されている。

　実際に，2022 年の世界のアート市場 6780 億ドルのうち，アメリカ合衆国が 45%，イギリスが 18%，中国が 17%，フランスが 7 % を占める。GDP の大きさという観点からみれば，この中に日本が入っていてもおかしくないが，日本のアート市場が世界のアート市場に占める割合は 1 % と極めて少ない[3]。

　アート市場が小さくとも問題ないのではないかという見方もあるかもしれないが，情報化・サービス産業化が進んだ社会においては，創造性やイノベーションは経済発展の原動力であり，創造性と密接に関係するアートの発展は無視することができない。公益社団法人・経済同友会（2021）も，アートは経済，観光，外交などの分野に影響をもたらすため国力の源泉として重要であること，更に，経営者の中でもアートへの関心は極めて高いと述べている。

　日本のアート市場が小さい原因は何だろうか。アート市場は複合的な現象であるため，発展しない原因も 1 つではない。後ほど詳しく紹介するが，原因の

1つとして必ず挙げられるのが税制の未整備である。そのため，本稿は，アート市場の税制に焦点を合わせて検討を行う。

　文化や芸術には，公共的・普遍的な価値があるとみなされ公的支援が行われてきた。公的支援には，芸術家や文化団体等を補助金で直接支援する方法と，税制を用いて間接的に支援する方法がある。この論文で論じるのは後者の方である。例えば，公益性のある文化団体に対して個人や企業が寄付をすると，寄付額が所得から控除され，その結果，個人や企業が支払う所得税額や法人税額が少なくなる。所得税額や法人税額が減少した分は，国が負担するため間接支援と呼ばれる。個人や企業には，寄付金控除を通じて寄付をするという行為へのインセンティブ（誘因）[4]が与えられると考えられている。

　直接支援は補助金を支給することによって行われるため，補助金額に上限があり，どの対象に補助金を出すのかを決定するのは行政や専門家である。これに対して税制インセンティブによる間接支援は，条件さえ満たせばすべてがその対象となるため青天井になりやすい。半面，補助金のように行政や専門家の判断が入り込む余地がないため恣意性が排除されるという特徴がある。税制インセンティブの場合には，寄付をしたいという個人や法人の自発的な意思が，文化支援に生かされることになる。

　美術市場にも多くの税制インセンティブが導入されている。それらの税制インセンティブは，例えば，美術館がコレクションを増やし，コレクターがアート市場で作品を購入する行為を促進するようにデザインされている。しかし，これらの税制インセンティブは富裕なコレクターを優遇するのが目的ではない。アート市場が活性化すれば，アーティストの収入が増え，多様な作品が創造され，より多くの人がアートを楽しむ環境を実現できる。文化分野の税制インセンティブは，創造を促進し，すべての人が文化を楽しむ環境を作るという文化政策の目的に沿って導入されている。

　アート市場の税制は重要な論点になっているにもかかわらず，研究はまだ少ない。本稿では，筆者が関わった国際共同研究も踏まえつつ，日本を中心にアート市場の税制インセンティブについて検討する。アート市場に税制インセンティブを導入する根拠は何だろうか，アート市場には，どのような税制インセ

ンティブが導入されているのか。日本で近年行われた税制改正の実態はどのようなものか。アート市場の税制インセンティブは，アート市場にどのような影響を与えるのだろうか。これらの税制インセンティブは果たして効率的で公正なものだろうか。本稿は，こうした疑問を議論する端緒となることを目指す。

II 日本のアート市場はなぜ小さいのか―エコシステムの未発達と税制上の課題

1 アート市場のエコシステムとは

　アート市場における税制の役割を理解するためには，アート市場の成り立ちや構造を知ることが必要である。アート市場も市場の1つであり，そこには生産者と消費者がいる。生産者はアーティストや工芸家であり，消費者はコレクターや企業，美術館である。更に，アート市場には，生産者と消費者を媒介する人たちがいる。画商（dealer），ギャラリー（画廊），オークション，アートフェア等がアート作品の売買を仲介する。銀行や倉庫が取引に関わることもある。

　近年，海外においてアート市場の学際研究が活発に行われるようになり（Lazzaro, Moureau, and Turpin, 2021），アート市場に関わるプレイヤーたちがアート市場で果たす役割やアート市場に与える影響に関する研究が行われている。アートの価値は，これらのプレイヤーの相互作用が行われるエコシステムの中で形成される。例えば，ある作品が美術館に収蔵されると，その作品を制作したアーティストの評価が高まり，彼女（彼）の他の作品の価格も上昇する。作

図1　アート市場のエコシステム

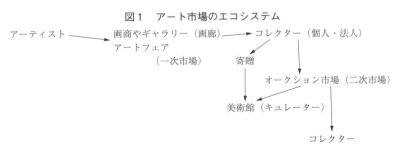

この他に，アートフェア開催の専門家，美術品鑑定の専門家，批評家，倉庫，銀行等もエコシステムの参加者である

品の価値は，長い目でみれば美術史における評価で決まるため，美術史の専門家である美術館のキュレーターの評価や，作品批評が価値づけに大きな影響を与えると考えられている。近年では，価値づけにおけるコレクターの影響力も増している。

2　日本のアート市場が小さい原因とは

　日本のアート市場が小さい原因は何だろうか。通常，アート市場は経済とともに発展すると考えられる。美術史と経済史の研究者による『美術市場と画商』では，アート市場の発展が，経済のグローバル化と密接な関係を持つことが指摘されており興味深い。16世紀初頭，アントワープに美術市場が成立し急速に発展したのは，アントワープが国際貿易拠点として栄え急速な経済発展を遂げたためである。

　このことは何を意味するだろうか。アート市場の発展には，買い手の存在が不可欠である。アントワープが急速に経済発展を遂げれば，そこに経済力を持つ買い手が出てくる。国際貿易拠点であれば，美術品を海外市場に輸出することもできる。アントワープには芸術家が作品を展示販売できる多くのパントと呼ばれる場所があった。1540年頃には，証券取引所の最上階に規模の大きな画家のパントが新設され，様々な国の顧客に向けて絵画作品が展示販売された。パントには情報や知識も集まるため，芸術家や美術商，収集家も取引機会を求めてアントワープに引き寄せられ，アントワープが芸術の中心地になったのである。つまり，アート市場の隆盛は，需要側の経済力や国際貿易拠点としての魅力，そして芸術供給側の集積と不可分だということである。

　1991年のバブル崩壊以後，日本の経済が停滞しているとはいえ，GDPの大きさからみると，日本のアート市場はもっと発展してもよい。そうした問題関心の下に，3つの報告書が続けて出された。

①　文化庁文化審議会文化政策部会・アート市場活性化ワーキンググループ（2021）「アート市場活性化を通じた文化と経済の好循環による『文化芸術立国』の実現に向けて」

②　公益社団法人・経済同友会（2021）「アート市場活性化に向けたエコシス

テムの構築」

③　文化庁文化審議会文化経済部会（2022）「文化と経済の好循環を実現する
　　文化芸術活動の『創造的循環[8]』」

　いずれの報告書も，アート市場における様々なプレイヤーと，それらが相互
作用するエコシステムの重要性を指摘する。つまり，日本のアート市場が小さ
いのは，プレイヤーとエコシステムが十分に育っていないことが原因であると
いう見方である。②では，日本のアート市場が発展しない原因として以下のこ
とを指摘する。

　第1に，アート市場のグローバル化が不十分である。アートフェアやオーク
ションの開催数や売上規模が小さく，海外からの参画や国際的な認知度が低い。
アートに関する批評が脆弱であり，作品の国際発信力が極めて弱い。

　第2に，アート作品の価値を評価するための公的評価制度の構築が遅れてい
るため，作品を購入，売却，保有，相続する際の税額の予測ができない。この
ことが，作品の売買を抑制する方向に作用している。

　第3に，日本では，子どもからビジネスマンまで，アート鑑賞教育は不十分
であり，富裕層以外の人々のアート購入への関心が低い。

　第4に，アート作品の管理体制が不十分である。美術館や博物館には多くの
作品が収蔵されているが，どんな作品がどこにあるのか可視化されていないた
め十分に活用できていない。また，アート市場で作品が売買された履歴も精緻
に記録されていない。もし，売買履歴を管理するシステムがあれば，転売で値
上がりした作品代金の一部をアーティストに還元することもできる。

　第5に，企業や個人が，公開されない作品を数多く保有している可能性があ
り，それら死蔵されている作品の多さがアート作品の流通を阻害しているとい
う。また，アート市場に関する公的統計データの不足，更に，アーティストが
作品を販売する機会が少ない等，創造活動を続けていくための環境整備が不十
分であることが挙げられている。

3　報告書にみる税制上の課題とは

　公益社団法人・経済同友会（2021）では，税制もアート市場発展の阻害要因

になっているため，改正が必要だと述べている。例えば，アート市場のグローバル化が遅れていることに関連して，先般，保税地域（フリーポート）に係る規制緩和が実施され，世界的なアートフェアやオークションの開催，海外の著名ギャラリーの誘致がしやすくなった。こうした制度改正を有効に活用して，日本をアジアのアート市場のハブにすべきだと主張する。

公益社団法人・経済同友会（2021）が指摘するアート市場に係る税制の問題点と改正の方向性は，以下のとおりである。

〈寄付税制〉

日本では，個人が美術品等を国等に寄付した場合，所得から控除される金額は時価ではなく取得金額であるため，取得した時から大幅に値上がりした作品を寄付した際の控除額が少なくなる。また，控除額には（総所得の40％－2000円）という制限があり，繰越控除ができないため，寄付した美術品が高額な場合には，その金額を控除しきれない。そのため，美術品等の国等への寄付を促進するために，時価評価への改正，控除額の上限の引き上げと繰越控除ができるような改正が必要であるという。

〈相続税の物納制度〉

相続において，相続税の支払いを相続した美術品で行うことも認められている（相続税の物納制度）が，物納順位が第1順位の土地・国債・上場株式等，第2順位の非上場株式に次ぐ第3順位であるため，この制度が活用されていない。アート作品について物納制度が適用されたのは，文化庁が把握する限り，過去に1件のみであるという。[9] 登録美術品の場合には物納順位が[10]1位となるが，相続開始前に登録されていないといけない。[11]

また，重要文化財や登録有形文化財（美術工芸品）の長期寄託契約を美術館と結び保存活用計画の認定を受けていた個人が亡くなった際，相続人がその契約を継続した場合は相続税の納税を猶予するという制度もあるが，相続開始前に被相続人が長期寄託契約を結んでいることが条件である。美術品による相続税の物納と相続税の納税猶予において，相続開始後であっても制度の適用を可能にするべきである。

〈減価償却制度〉

2014 年に，減価償却可能な美術品の上限が 1 点 20 万円から 100 万円に引き上げられたが，アート作品には 100 万円以上の高額なものも多いため，購入意欲を引き出すためには，さらなる引き上げが必要である。

〈譲渡益に対する所得税〉

日本では，美術品の譲渡益に係る所得税は，土地や株式とは異なり総合課税が適用される。一方，アメリカでは，美術品の譲渡益には，優遇税率が適用されている。

Ⅲ 日本と海外における文化に関する税制インセンティブ

1 文化財を中心に発展した日本の税制インセンティブ

アート関係者からは，日本の文化や芸術に関する税制優遇（税制インセンティブ）は不十分であると指摘されることが多い。しかし，文化や芸術に対して，実際にどのような税制インセンティブが導入されているのかは，あまり知られていない。税制優遇をするためには，それなりの正当性が必要で，文化の場合には，文化を振興するという公共の目的に適っている必要があろう。

日本では，文化財保護法が制定された 1950 年に，重要文化財等に係る固定資産税等の非課税措置が開始された[12]。更に，1965 年には重要文化財の修理や防災施設の設置に要する費用に対する指定寄付金について寄付金控除（所得税・法人税）が開始された。1972 年には，重要文化財（動産または建物）等を国，地方公共団体，（独）国立美術館，（独）国立文化財機構，国立科学博物館，地方独立行政法人に寄付した際の譲渡所得の非課税措置が導入された。更に，2003 年には，重要文化財の相続・贈与に係る所得税の減免が導入された[13]。また，1998 年には，登録美術品を相続税として物納する制度が創設された。

注意する必要があるのは，文化財の範囲が明確に定められていることである。これらの税制優遇が適用されるのは，貴重な国民的財産であると認められ指定，選定，登録を受けた文化財である。国は，文化財保護法に基づき重要なものを国宝，重要文化財，史跡，名勝，天然記念物等として指定，選定，登録している。これらの文化財は個人や法人が所有する場合があることから，税制優遇に

より文化財を保護する行為を促進している。まとめると以下のようになる。

〈文化財に対する税制インセンティブ〉（寄付を除く）

① 文化財の固定資産税や都市計画税の減免

② 文化財を所有する個人や法人が，文化財を国や地方公共団体，博物館等に譲渡する際の税制優遇措置

・重要文化財である動産または建物を譲渡した場合には，所得税は非課税（ただし，重要有形民俗文化財・重要文化財に準ずる文化財の譲渡は2分の1課税[14]）

・重要文化財や史跡名勝天然記念物である土地を譲渡した場合には，個人は2千万円を限度として所得控除，法人は2千万円を限度として損金算入できる

③ 文化財の相続に関する優遇措置

重要文化財等の相続・贈与において，財産評価額の一定割合を控除する

④ 相続税の物納

2021年度には，登録美術品の対象に現存作家の作品のうち一定のものが追加された。

〈文化関連の寄付に関する税制インセンティブ〉

⑤ 税額控除法人や認定特定非営利活動法人に対する個人からの寄付金に対する優遇措置

「寄付金（総所得金額の40％が限度）−2千円」を所得控除または，

「寄付金（総所得金額の40％が限度）−2千円」×40％を税額控除（所得税額の25％が限度）

⑥ 特定公益増進法人に対する寄付金控除

個人：「寄付金額（総所得金額の40％を限度）−2千円」を所得控除

法人：寄付金の合計額か特別損金算入額のいずれか少ない金額を損金算入

⑦ 指定寄付金への所得控除（個人寄付），損金算入（法人）

公益社団・財団が行う重要文化財の修理・防災施設の設置に要する費用への寄付や国立美術館，国立文化財機構，国立科学博物館による重要文化財の収集・保存修理に要する費用への寄付について以下の控除を行う

個人：「寄付金額（総所得金額の40％を限度）−2千円」を所得控除

法人：通常の損金算入の限度額とは別枠で，寄付した金額の全額を損金算入で

きる

⑧　個人や法人が美術品を寄付した場合の税制優遇[15]

個人：個人が，美術品等を国等に寄付した場合，譲渡所得はなかったものとみなされ（みなし譲渡課税），<u>取得価額</u>の金額を所得控除として所得から控除される（寄付控除）

　　　「寄附金（総所得金額の40％を限度）−2千円」を所得控除

法人：法人が，美術品等を国等に寄付した場合，<u>時価相当額</u>が損金として所得金額の計算上控除される

（個人・法人が動産を国・地方公共団体，（独）国立文化財機構，（独）国立美術館，（独）国立科学博物館及び公益社団法人・公益財団法人に贈与した場合，個人については一定額の所得控除，法人については国・地方公共団体に対する場合は全額損金算入，それ以外の者に対する場合は一定額の損金算入が認められる。）[16]

⑨　文化振興を行う以下の団体等への相続財産の寄付に対する相続税の非課税措置

　芸術普及や文化財の保存活用に関する業務を行う公益社団・財団や国立美術館，国立文化財機構，国立科学博物館，日本芸術文化振興会，学術・文化等の振興を行う認定NPOへの相続財産の寄付は非課税とする。

⑩　特定美術品に係る相続税の納税猶予

　個人が，美術館と特定美術品（国宝，重要文化財，登録有形文化財である美術工芸品）の長期寄託契約を締結し，保存活用計画が文化庁長官に認定され，その美術館にその特定美術品を寄託していた場合において相続が発生した場合，その長期寄託契約及び保存活用計画に基づき寄託を継続したときはその特定美術品に係る相続税額の80％に対応する相続税の納税を猶予する。

　なお，2021年には，特定美術品の範囲に制作後50年を経過していない美術品が追加された。

⑪　美術品の減価償却

　取得価額が1点100万円未満であるもの（時の経過によりその価値が減少しないことが明らかなものを除く）は減価償却資産として取り扱われる。2015年以前は1点20万円であったが，2015年からは1点100万円となった。

⑫　保税蔵置場や保税展示場の活用

2020年12月および21年2月の関税法基本通達改正を受けて，保税地域において アートオークション，アートフェアなどの実施が可能となった。保税地域でなければ，海外からの展示品については関税や消費税を支払う必要がある。保税地域であれば，日本国内に輸入されない限り，こうした税を支払うことなく蔵置や展示ができるため，この規制緩和はアート市場の拡大に有効であると考えられる。[17]

実際に日本では，寺田倉庫が，BONDED LOUNGE という海外輸出入に対応できる美術品専用の保税倉庫および展示・商談スペースに加え，BONDED GALLERY という日本を代表するギャラリーが集積する「TERADA ART COMPLEX Ⅱ」内に常設型ギャラリースペースを開設した。[18]

以上が日本の文化に係る主な税制インセンティブである。前述した経団連の報告書が美術市場に関わる税制上の課題として挙げていた論点は，④相続税の物納，⑧美術品の寄付，⑪美術品の損金算入に関わるものである。その他に美術品を売買した際の譲渡益を総合課税ではなく分離課税の対象とすることも提言している。

2　海外におけるアート市場への税制インセンティブ―異なる視点を持つインセンティブ―

海外でも，文化や芸術に係る多くの税制インセンティブが導入されている。Hemels and Goto (2017)[19] では，欧州を中心にクリエイティブ産業分野の税制インセンティブについて，その根拠，効率性や公正性を議論した。そこでは，文化への税制インセンティブを，文化遺産，視聴覚産業，アート市場，著作権収入，アーティストに分類した。日本では，文化財や寄付を中心に税制インセンティブが導入されてきたのに対して，欧州では，非営利の文化領域だけでなく，映画等の産業化された分野にも税制インセンティブが導入されている。

文化領域に税制インセンティブを導入する目的は，アーティストやクリエイティブ企業の創造や投資を促進し，文化多様性を促進することである。例えば，欧州で映画製作が活性化し多様な映画作品が鑑賞されることは，ハリウッドで

製作された映画が独占的に上映されるよりも，文化多様性の観点から望ましいと評価される。

　本稿では，Hemels and Goto（2017）の分類の中から，アート市場に関わる税制についてみていく。税制インセンティブは，図1のアート市場の様々なプレイヤーの行動やエコシステムに影響を与え，アート市場を活性化させると考えられている。日本では，個人や法人がすでに所有している文化財等を国や国立美術館等に寄付，あるいは譲渡することを念頭に税制優遇が導入されているのに対して，海外では，現代アートの流通も視野に入れた制度設計がなされている。

　Hemelsは，税制優遇によってアート作品や文化遺産の実質価格が下がることに着目し，アート市場の税制インセンティブを，①現代アートの実質価格を下げる税制インセンティブ，②重要な文化遺産の実質価格を下げる税制インセンティブ，③合計（Gross）価格を下げる税制インセンティブに分類する[20]。価格が下がることでアートの流通が促進される効果がある。

　現代アートの実質価格を下げる例としては，カナダの減価償却がある。多くの国では美術品の減価償却を認めないのが一般的である。カナダでは減価償却の条件として，価格が200カナダドル未満の作品は除外する，作品がカナダ人によって創作されていること，更に顧客の目に触れるスペースに展示されるなど企業や個人の事業に関連することが挙げられている。法人税についても，フランスでは，市民と従業員が鑑賞できるスペースに展示されることを条件に，5年に亘り，毎年購入価格の5分の1を控除できる（ただし年間売上高の0.5%を限度とする）。シンガポールでは，パブリックアートを注文・展示・維持する個人や法人への税制優遇がある。

　これらのインセンティブは，現代アート作品の実質価格を下げ，アーティストの作品販売を助けるだけでなく，流通業者にも利益をもたらす。また，アーティストには評価の機会を，市民には鑑賞機会を提供していることになる。

　重要な文化遺産の実質価格を下げる税制インセンティブの目的は，重要な文化遺産の海外流出を防ぐことである。これらの税制インセンティブは，オークション等の二次市場において，国内の買い手が有利になるように制度設計され

る。フランスでは，海外流出の危機にある重要な文化遺産の購入資金を国に代わって提供した企業には，購入価格の90％が税額控除される（ただし法人税額の50％を限度とする）。もし，企業自身が重要な文化遺産を購入した場合には，購入価格の40％が課税利益（taxable profit）から控除される。ただし，この企業はフランスの美術館にこの作品を貸すことが義務づけられる。

　合計価格を下げる税制インセンティブとは，付加価値税と関税を下げることである。アメリカ合衆国では，条件を満たせばアート作品の輸入に係る関税は免除される。EUでも美術品の輸入に係る関税は減免される。その他に，EUでは，アート作品に対する付加価値税の軽減税率を適用することが認められている（食料品等への付加価値税の軽減税率と同じ）。この軽減税率は，アーティストが自らの作品を売却する際や，輸入した作品の販売，アート作品の転売の際にも適用され，合計価格を引き下げるため，アート作品の購入者（個人や地方自治体等）の行動に大きな影響を与える。

　Hemels and Goto（2017）では，文化財や寄付に関する税制インセンティブは，別の章で取り上げられている。また，EUの国々にも相続税の物納制度があり，この制度を使って多くの作品が美術館に収蔵されている。これらについては，次の節で，論点ごとにみていきたい。

Ⅳ　近年におけるアート市場に係る税制改正と論点

　前節では，日本における文化芸術に係る税制と，海外のそれとを比較した。海外では，現代アートの流通を促進する税制インセンティブが導入されているが，日本では，文化財や寄付を中心として税制インセンティブが導入されてきたことが分かった。しかし，近年，相続税の物納の対象に現代作家の作品が，相続税の納税猶予の対象に制作後50年が経過していない美術品が追加されるなど，現代作品にも光があてられるようになった。また，国際アートフェアやオークションを念頭に保税地域の規制緩和が行われたのは前述の通りである。法人が減価償却できる美術品の限度額も，20万円未満から100万円未満に引き上げられた。

　近年，文化庁が提出した2022年度税制要望改正[21)]には，博物館に関するもの，

個人所有の登録有形文化財の修理に関する費用の税額控除，国等への美術品の寄付に関する控除を「取得価格」から「時価相当額」にすること等がある。「時価評価」を控除額とすべきだという指摘は，経団連の報告書の中にもあるが，まだ実現には至っていない。

そこで，次に，本稿の今までの議論の中で論点となりうる相続税の物納，美術品の寄付について海外の例をみてみよう[22]。欧州の国々では，優れた建物や美術品の所有者が亡くなり，その継承者が相続税を払えないために，それらを売却してしまうことを問題視する。売却によって，国や市民の財産を失うことになるからである。イギリスでは，1910 年に歴史的建造物による相続税の物納が開始された。それが動産に適用されたのは 1956 年である。フランスで芸術的価値の高い動産に対する相続税の物納が開始されたのは，1968 年である。

イギリスにおいてもフランスにおいても，相続税の物納はよく機能し，毎年，芸術的価値の高い重要なアート作品が取得され美術館で公開されている。フランスのピカソ美術館は，この制度で取得したピカソの作品でできた美術館である。オランダでは，アート作品の時価の 120％を相続税納付額とみなし，相続税の物納へのインセンティブを与えている。イギリスでは，（売却益＝アート作品の時価－相続税額）に相続税額の 25％を加えて，物納した額とみなしている。つまり，アート作品を売却するより物納した方が，金銭的利益が大きいように制度設計されている。日本では第 1 順位で物納できる作品は登録美術品として既に登録されていたものに限られるため，物納される美術品の数が非常に少ない。

美術品の寄付についてはどうだろうか。経団連の報告書では，日本の場合，美術品の寄付に対する控除額が（総所得の 40％－ 2 千円）と小さいこと，繰越控除ができないことを問題にする。また，寄付した美術品の価値を「取得価格」ではなく「時価相当額」にすべきであると提言している。合衆国とオランダでは，税制上，現物寄付と寄付金は同等に扱われる。合衆国では個人が寄付する場合には控除の上限は所得の 50％であり，オランダの場合には所得の 10％である。しかし，限界税率はオランダの方が大きいため，寄付へのインセンティブはオランダも小さくはない[23]。

オーストラリアでは，美術品を寄付した場合，その市場価格が全額控除される。しかし，寄付者は２つの評価を示す必要があり，それらの平均値が控除される。また，寄付者にも寄付を受ける組織にも，作品の市場価格の正当性を担保するためにいくつかの義務が課せられている。イギリスでは，個人が美術品を寄付した場合には，価格の30％を５年間に亘り控除できる。法人が寄付した場合には，価格の20％を１年間に限って控除できる。日本の税制インセンティブが小さいかどうかは，国際比較を踏まえて慎重に検討する必要があるのではないだろうか。

　日本で美術品を寄付した際に，取得価格ではなく時価で評価すべきという議論をする際に，文化関係者が忘れがちなのは，みなし譲渡課税との関係性である。美術品を国等に寄付した際，みなし譲渡所得はなかったものとみなされる。譲渡所得は時価で評価されるため，譲渡所得においては時価相当額が控除されていることになる。そして，寄付控除においては，取得価格が控除される。

　藤田（2021）は，個人が行う現物資産の寄付に関する日米英の所得税の比較を行い，合衆国のように寄付者に譲渡益課税を行わず，かつ時価での寄付控除を認める方法は，現物をいったん売却した後に売却の対価を寄付したものとの間に不公正を生じると論じている。美術品の寄付に関する控除についても，他の現物寄付との関係を考慮した上で，公平性の観点からも論じる必要があろう。美術品だけを特別な扱いにするというのなら，相応の理由が必要である。藤田（2021）は，寄付者の寄付控除を時価で行い，寄付を受ける法人は帳簿価額を減額し，法人が当該資産を譲渡した際の税負担を重くする方法もあると示唆する。

　更に，美術品の寄付における個人と法人の控除にも違いがある。Ⅲ－１の⑧でみたように，美術品を国等に寄付した場合，個人は取得価格が控除されるが，法人は時価が損金算入される。個人の控除において時価評価を採用すべきという議論の中で，美術品の公的鑑定制度が不足しているから時価評価が実現しないと指摘されることがあるが，時価評価で損金算入される法人において，公的鑑定制度が問題になったという話は聞いたことがない。時価評価が実現しない原因を，公的鑑定制度の不足だけに求めることは妥当なのだろうか。

V おわりに

　以上，アート市場への税制インセンティブについて，アート市場の現状と課題，アート市場が発展しない原因とされる税制インセンティブの問題点，日本と海外の税制インセンティブの比較，論点をめぐる若干の考察という順に議論を展開してきた。日本のアート市場に関する税制インセンティブは，文化財の譲渡や寄付を促進するものが中心で，現代アートの流通を促進するために実質価格や合計価格を下げるといった観点から導入されていない。アート市場を発展させるという観点からみると，昨今の日本における議論もやや狭い印象が否めない。

　アート市場の税制に関して，海外の税制インセンティブが寛容であることが強調されることが多い。しかし，海外でも税制インセンティブを導入する際には，文化政策の目的に合致するか，過大な優遇になっていないかは検討されており，国宝級の作品の海外流出を防止し，それを市民に公開する等，公益に資することが条件となっている。日本でアート市場への税制インセンティブを拡充する際にも，税制インセンティブが誰にどんな影響を及ぼすのか，効率性と公平性の観点からはどう評価できるのか検討すべきである。最後に，本稿がアート市場や文化に関する税制を議論する出発点の１つとなれば幸いである。

参考文献

公益社団法人・経済同友会（2021）「アート市場活性化に向けたエコシステムの構築」

後藤和子・則本浩佑（2009）「政策課税としての文化税制―その理論的根拠と望ましいデザイン」文化経済学会〈日本〉編『文化経済学』第 6 巻第 3 号，pp. 25-38

後藤和子（2009）「政策課税としての文化税制―その理論的根拠とインパクト」日本財政学会編『財政研究』第 5 巻，pp. 354-371

西洋美術研究編集委員会編（2016）『美術市場と画商』三元社（西洋美術研究第 19 号）

藤間大順（2021）「個人が行う現物資産の寄附に関する日米英の所得税制の比較検討―資産の値上がり益の取扱いおよび所得控除額を検討対象として」公益財団法人　後藤・安田記念東京都市研究所『都市問題』第 112 号第 4 号

文化庁編『我が国の文化行政』（平成 19 年度）

Elisabetta Lazzaro, Nathalie Moureau, Adriana Turpin, eds. (2021) *Researching art markets. Past, present and tools for the future*, Routledge (Routledge Research in the

Creative and Cultural Industries), Oxon

Hemels and Goto（2017）*Tax incentives for the creative industries*, Springer

THE ART MARKET 2023 A report by Art Basel & UBS

https://theartmarket.artbasel.com/download/The-Art-Basel-and-UBS-Art-Market-Report-2023.pdf（2023 年 5 月 16 日確認）

注

1）　アート市場とは，英語の Art Market の日本語訳で，美術品や工芸品を扱う市場のことである。そのため，美術市場とアート市場には大きな相違はないと思われる。日本でも，政府や団体の報告書等で，アート市場という言葉が多く使われるため，以後，アート市場という言葉を使うことにしたい。

2）　公益社団法人・経済同友会（2021）「アート市場活性化に向けたエコシステムの構築」https://www.doyukai.or.jp/policyproposals/uploads/docs/210512b.pdf?20220228（2023 年 6 月 9 日確認）

3）　THE ART MARKET 2023 A report by Art Basel & UBS, https://theartmarket.artbasel.com/download/The-Art-Basel-and-UBS-Art-Market-Report-2023.pdf（2023 年 5 月 16 日確認）

4）　望ましい目標に向かって個人や法人の行動を促進するという意味で税制インセンティブと呼ばれているが，日本では，税が減免される面を捉えて税制優遇と呼ばれる。

5）　Elisabetta Lazzaro, Nathalie Moureau, Adriana Turpin, eds.（2021）*Researching art markets. Past, present and tools for the future*, Routledge（Routledge Research in the Creative and Cultural Industries）, Oxon

6）　西洋美術研究編集委員会編（2016）『美術市場と画商』三元社（西洋美術研究第 19 号）

7）　https://www.bunka.go.jp/koho_hodo_oshirase/hodohappyo/pdf/92929401_03.pdf（2023 年 5 月 16 日確認）

8）　https://www.bunka.go.jp/seisaku/bunkashingikai/bunka_keizai/01/pdf/93687601_01.pdf（2023 年 5 月 16 日確認）

9）　公益社団法人・経済同友会（2021），前掲報告書

10）　登録美術品とは，我が国の重要文化財や国宝に指定されている作品か，もしくは，世界文化の見地から歴史上，芸術上又は学術上特に優れた価値を有する作品で，美術館において公開することを条件に登録されたものである。

11）　今までに 87 の登録美術品が美術館等で公開された。

12）　文化庁編『我が国の文化行政』（平成 19 年度）

13）　日本の文化分野の税制については，後藤和子・則本浩佑（2009）「政策課税としての文化税制—その理論的根拠と望ましいデザイン」文化経済学会〈日本〉編『文化経済学』第 6 巻第 3 号，pp. 25-38 や，後藤和子（2009）「政策課税としての文化税制—その理論的根拠とインパクト」日本財政学会編『財政研究』第 5 巻，pp. 354-371，を参照してほしい。

14）　文化庁「文化財保護に関する税制優遇措置について」 https://www.bunka.go.jp/seisaku/bunkashingikai/bunkazai/kikaku/h18/04/shiryo_7.html（2023 年 6 月 4 日確認）

15) 文化庁「美術品等に係る税制優遇措置について」 https://www.bunka.go.jp/seisaku/bunkashingikai/kondankaito/hosaku/zeisei_sochi.html（2023 年 6 月 4 日確認）

16) 文化庁「博物館に対する税制上の支援措置」 https://www.bunka.go.jp/seisaku/bunkashingikai/seisaku/08/wg/bijutsu_01/pdf/shiryo_4_3.pdf（2023 年 6 月 4 日確認）

17) 文化庁・財務省「保税地域の活用に関する説明会」を参照されたい。https://www.bunka.go.jp/seisaku/bunka_gyosei/bunka_keizai/pdf/93272801_01.pdf（2023 年 6 月 4 日確認）

18) 2023 年 5 月 19 日に寺田倉庫を訪問し，BONDED LOUNGE 等を見学させていただいた。ご案内くださった常務執行役員・田中大助氏と執行役員・緒方靖弘氏に心より御礼を申し上げる。

19) Hemels and Goto（2017）*Tax incentives for the creative industries*, Springer

20) Hemels and Goto, op. cit.

21) https://www.mof.go.jp/tax_policy/tax_reform/outline/fy2022/request/mext/04y_mext_k.pdf（2023 年 6 月 5 日確認）

22) Hemels and Goto（2017）に依拠してみていく。

23) Hemels and Goto（2017）pp. 111-112

24) 藤間大順（2021）「個人が行う現物資産の寄附に関する日米英の所得税制の比較検討─資産の値上がり益の取扱いおよび所得控除額を検討対象として」公益財団法人　後藤・安田記念東京都市研究所『都市問題』第 112 号第 4 号

従業員の福利厚生と退職給付債務・税制

壁 谷 順 之
（長崎県立大学地域創造学部教授）

I　はじめに

　退職給付会計が導入されて既に 20 年余りが経過している。この間，企業年金制度は大きく様変わりし，長年に渡って日本経済を支え続けてきた適格退職年金（適年）と厚生年金基金が廃止または廃止予定となった。一方で，これらに代わる企業年金制度として，確定給付企業年金（DB 制度）や確定拠出年金（DC 制度）などは既に広く世間に定着している。DC 制度は，企業の従業員向けに加入する企業型 DC と，個人加入者向けの個人型 DC があり，特に後者は近年，iDeCo（イデコ）と呼ばれる愛称で知られ，私たちの老後生活を支える役割として期待されている。

　近年，この DC 制度を含む企業年金制度や会計制度の変更等が目まぐるしい状況であり，特に廃止となった適年や厚生年金基金からの制度移行などもあって，DB 制度や DC 制度への加入状況は増加の一途である。その一方で，企業サイドでは従業員の退職給付制度を維持・運営していくためには，経営成績や財務状態が重要であることは言うまでもないことである。大企業だけでなく中小企業においても，退職給付制度を変更・廃止する企業も少なくはない状況であり，従業員の福利厚生面で大きな問題となっている。DC 制度でも，制度の飛躍的な増加に隠れて，毎年度，廃止していく企業数が見られる。こうした背景には，企業業績の他に企業会計や税制優遇措置などの制度面での変更があると見られ，現実的に企業経営に影響を及ぼしていると考えられる。例えば，DC 制度の先駆的な国家である米国では，1980 年代から 90 年代にかけて DC 制度への移行・廃止が活発化しており，先行研究によると米国では 90 年代に

年金資産（超過積立）への課税が強化され，積立水準の高い企業ほどDB制度からCB制度（キャッシュ・バランス・プラン）へ移行したり，DB制度を終了したりする企業も多いとの指摘がある。日本では，上述のように2000年代から2010年代にかけて，同様にDC制度への移行が活発化し，適年や厚生年金基金からの移行に際しては，手続き面や積立不足解消（DC制度移行の場合）の問題点が明らかになった。日本ではDC制度の設計上，様々な場面（拠出時・運用時・給付時）などにおいて税制優遇措置が設定されているにも関わらず，現状，多くの企業がDC制度廃止する動きは存在する。

　そこで，本稿では近年のDC制度を廃止する企業に焦点を当てて，時系列データに基づいて廃止決定の要因分析を行い，企業特性を検討していく。上述のように，企業がDC制度を廃止すると考えられる理由として，税制上の影響などが関係しているのかといった点も改めて分析する必要性があると感じている。特に，我が国の企業年金制度は複雑多岐に渡っており，制度的な構造分析も重要な役割を担っていると考える。そのためには，企業会計および税制優遇措置を検討し，制度面と実証面の双方から取り組むことで，これまでの先行研究とは異なる研究意義を見出せるものと考えている。本稿での分析の結果，退職給付債務や年金資産を多く抱えている企業ほど，DC制度を廃止している等のいくつか興味深い結果が得られた。これまでの先行研究結果や仮説を比較し，今後の企業経営や年金財政の持続可能性などに言及する。

　本稿の構成は，以下の通りである。第Ⅱ章では，制度概要として，DC制度を含む退職給付制度と，その税制優遇措置などを概観する。また，DC制度の加入状況や制度移行・廃止，会計基準変更の影響なども取り上げる。第Ⅲ章では，関連する先行研究を整理する。第Ⅳ章では，問題意識および仮説設定を行う。第Ⅴ章では，使用データおよび分析手法を確認する。第Ⅵ章では，実証分析を基に研究成果を整理する。最後に，まとめや今後の課題を述べて本稿の幕を閉じる。

II 制度概要

1 企業年金制度と退職給付制度の概要

　日本の公的・私的年金制度は，国民年金（1階部分），厚生年金（2階部分）の公的年金をベースに，3階部分と呼ばれる企業年金制度が従業員に上乗せとして存在する形になっている（図表1参照）。この企業年金制度は，DB制度・DC制度のいずれも事業主（企業）が掛金拠出して従業員の福利厚生を担う制度として重要な役割を果たしている。我が国は少子高齢化社会が進展し，加えて長引く低金利下での公的年金制度の運用環境の悪化や給付水準の低下見込みなどを背景に，企業年金制度の重要性が高まっていると考えられる。

　次に，退職給付制度についてその概要を見ていく。なお，各項目の定義や説明にあたっては，厚生労働省HPをはじめとして各種関連団体，監査法人等の文献により引用参照・整理している（主な文献リストは脚注および参考文献を参

図表1　日本の年金制度の体系図

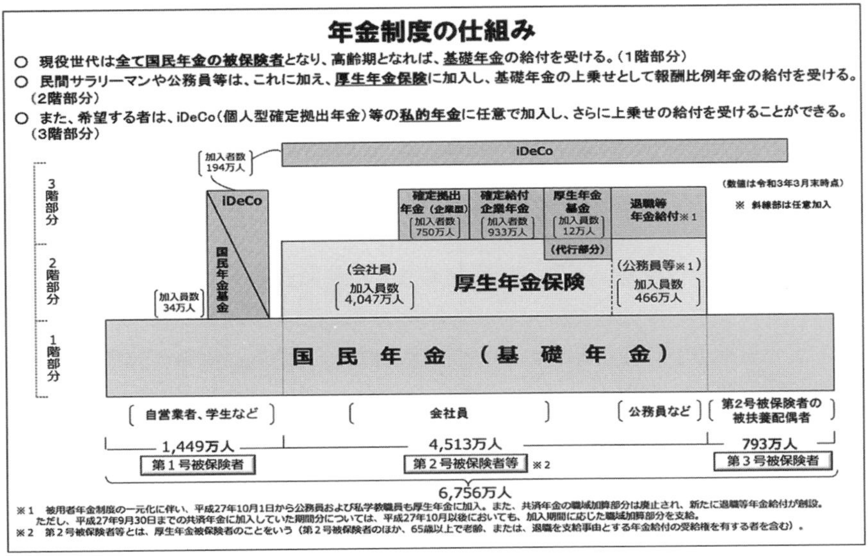

（出所）厚生労働省HPよりダウンロード。各用語の詳細等は同HP参照。

図表2　退職給付制度の分類別一覧

一時金型

制度名	資金準備	実施主体	制度区分
退職一時金	社内	企業	確定給付
中小企業退職金共済	社外	勤労者退職金共済機構	確定拠出
特定退職金共済		市町村，商工会議所等	

年金型

制度名	資金準備	実施主体	制度区分
適格退職年金（2012年3月末廃止）	社外	企業	確定給付
厚生年金基金（新規設立禁止）		厚生年金基金	
確定給付企業年金（基金型）		企業年金基金	
確定給付企業年金（規約型）		企業	
確定拠出年金（企業型）			確定拠出
確定拠出年金（個人型・iDeCo）		国民年金基金連合会	

（出所）新日本有限責任監査法人（2010）を基に一部修正して筆者作成。

照)[1]。退職給付とは，「一定の期間にわたり労働を提供したこと等の事由に基づいて，退職以後に支給される給付」（企業会計基準第26号・退職給付に関する会計基準）であり，その主な典型として退職一時金や退職年金等が挙げられる。現行の退職給付制度は，図表2に示すように種類が多く，内容も仕組みも複雑なものとなっている。退職給付制度は大きく一時金型と年金型に分けられる。前者には退職一時金や中小企業退職金共済制度（中退共）が挙げられる。退職一時金の歴史は古く，我が国の資本主義社会の発展や経済成長と共に進展してきた特徴がある。当初の退職一時金制度は，労使共同拠出によるものが一般的であったが，雇用主の全額負担による制度が普及し，さらに労働組合の結成等から第二次世界大戦後に現在の姿に近い制度となった。1952年には，退職給与引当金制度が新設され，税制面でも制度導入の支援が行われた。退職給付制度のもう1つの年金型には，DB制度やDC制度などの企業年金制度が数多く存在する。かつて，代表的な企業年金制度と言えば，適格退職年金制度（1962年新設）や厚生年金基金制度（1966年新設）が挙げられていた[2]。当時，国民年金法の制定により，1961年から国民皆年金制が開始しており，企業年金制度は公的

年金を補完する役割も担っていた。そして，適年や厚生年金基金は大企業をは
じめとする加入・設立が特徴的でもあった[3]。

　会計制度面では，企業会計を取り巻く環境も 2000 年頃になると大きく変化
する。一般的に会計のグローバル化や会計ビッグバンなどと呼ばれるように，
国際会計基準との様々な調整が検討されてきた。その結果，税効果会計や連結
会計等の現在導入されている多くの制度が制定された。退職給付会計も 2001
年 3 月期以後開始する事業年度より適用開始となった。これにより，年金資
産・負債の実態が明らかになり，企業の負担すべき退職給付費用や退職給付債
務について，適正な会計処理を行うことが求められた。それに伴い，退職給付
制度に関する諸法令の大幅な見直しが行われ，DB 制度（2001 年新設），DC 制
度（2002 年新設），CB 制度（2002 年導入[4]）の他，厚生年金基金制度では代行返上
が可能となった。

2　DC 制度と税制優遇措置の概要

　本稿で中心的に取り上げる DC 制度は，2001 年 10 月の確定拠出年金法施行
により導入された制度である。英語表記は Defined Contribution Pension Plan
であり，略して DC 制度と呼ばれる。確定拠出とは，企業が毎月一定額の年金
掛金を拠出するという意味である。同制度は，掛金が個人ごとにあらかじめ決
められており，個人の運用実績に応じて将来の給付額が変動するという従来に
はなかった仕組みである。DC 制度には大きく企業型と個人型の 2 種類が存在
し，いずれも公的年金や従来型の企業年金を補完する制度として位置付けられ
る。DC 制度は，導入から現在までで約 20 年余りが経過し，この間には様々な
制度改正が行われている（図表 3 参照）。これまで，その時々の時代背景やニー
ズを基に随時制度改正が行われて，特に 2018 年および 2022 年に多くの制度改
正が実施されて現行の姿に落ち着いている様子がうかがえる。

　DC 制度の仕組みや内容については，DB 制度との比較によって相違点が明
らかである。図表 4 では，実施主体や掛金を中心に見ていく。また，図表 5 で
は，拠出時・運用時・給付時の 3 段階における税制面での相違点を簡潔にまと
めたものである。

図表3　DC制度改正等の変遷

年	内容
2001	DC法成立，企業型DC開始。
2002	個人型DC開始。 税制改正（特別法人税の課税停止の延長，以後現在まで継続）。
2004	掛金拠出限度額の引上げ①。ポータビリティの確保。
2005	脱退一時金の支給要件緩和（50万円以下など）。
2010	掛金拠出限度額の引上げ②。
2012	従業員拠出（マッチング拠出）の開始。
2014	厚生年金基金が解散して企業型DCへ移行する要件の緩和（積立不足の補填の廃止）。
2017	個人型DCの加入範囲の拡大。
2018	簡易型DC制度の開始。 中小事業主掛金納付制度（iDeCo＋）の開始。 DBや中退共（合併等限定）への資産移管が可能になる。 継続投資教育の努力義務化（配慮義務から格上げ）。 個人型DCの愛称がiDeCo（イデコ）に決定。
2020	簡易型DCおよびiDeCoプラスの従業員規模拡大（100人⇒300人）。
2022	受給開始の上限年齢の引上げ（70歳⇒75歳）。 企業型DC・個人型DCの加入可能年齢を拡大。 企業型DC加入者の個人型DC加入要件の緩和。

（出所）企業年金連合会資料等を基に筆者作成。

　DC制度の大きな特徴点として挙げられるのは，図表5に示すように税制優遇制度が豊富に備わっている点である。本来，企業が掛金拠出する時点では全額損金算入となる点は従来型の適年や厚生年金基金でも同様であった。しかし，加入者が掛金拠出する場合でも全額所得控除（小規模企業共済等掛金控除）となる点は，DC制度独自と言えよう。また，年金運用時の積立金は特別法人税が課税されるが，現在まで課税停止となって実質的に非課税になっている点や，運用益についても運用期間中は非課税になっている。さらに，加入者等が給付金の受取時では，年金・一時金いずれも課税されるものの公的年金等控除や退職所得控除が適用されて税負担軽減が行われている。

図表4　DC 制度と DB 制度の比較表①（掛金等）

	確定拠出年金（DC）	確定給付企業年金（DB）
仕組み	あらかじめ定められた拠出額とその運用益との合計額をもとに，将来の給付額が決定する仕組み	あらかじめ給付の算定方法が決まっている仕組み
実施主体	〈企業型 DC〉 企業型年金規約の承認を受けた事業主 〈iDeCo〉 国民年金基金連合会	企業年金基金または事業主
掛金	〈企業型 DC〉 事業主拠出 （企業型年金規約に定めた場合は加入者も拠出可能） 〈iDeCo〉 加入者拠出 （iDeCo＋を利用する場合は事業主も拠出可能）	事業主拠出 （加入者が同意した場合は加入者拠出が可能）
資産運用等	加入者が運用方法を決定し，資産は個人別に管理される。	実施主体がまとめて運用管理を行う。

（出所）企業年金連合会資料等を基に筆者作成。

図表5　DC 制度と DB 制度の比較表②（税制面）

	確定拠出年金（DC）	確定給付企業年金（DB）
税制	〈拠出時〉 非課税 ■事業主が拠出した掛金：全額損益算入 ■加入者が拠出した掛金：全額所得控除 （小規模企業共済等掛金控除） 〈運用時〉 ■運用益：運用中は非課税 ■積立金：特別法人税課税（現在，課税は停止されている） 〈給付時〉 ■年金として受給：公的年金等控除 ■一時金として受給：退職所得控除	〈拠出時〉 非課税 ■事業主が拠出した掛金：全額損益算入 ■加入者拠出は実質課税（生命保険料控除） 〈運用時〉 ■積立金：特別法人税課税（現在，課税は停止されている） 〈給付時〉 ■年金として受給：公的年金等控除 ■一時金として受給：退職所得控除 ※加入者拠出相当分は非課税

（出所）企業年金連合会資料等を基に筆者作成。

3　DC 制度加入状況と制度移行・廃止の概要

　このように，DC 制度（企業型）は，税制優遇措置等を背景に制度発足以降，加入状況は一貫して右肩上がり傾向となっている（図表6参照）。

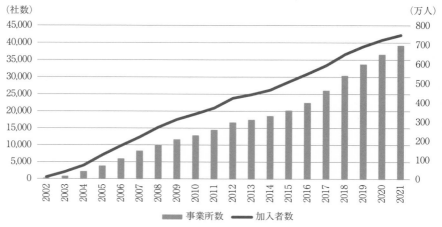

図表 6　企業型 DC の加入状況

（社数）　　　　　　　　　　　　　　　　　　　　　　　　　（万人）

（出所）厚生労働省 HP「企業型年金の規約数等の推移」より筆者作成（各年 3 月末時点）。

　2021 年 3 月末時点で，事業所数 39,081 社，加入者数約 750 万人の規模まで拡大している。これらの増加傾向の要因として，企業型 DC を新規開始する企業だけでなく，適年や厚生年金基金などの他の企業年金制度からの制度移行も含まれている。本稿では，後述の実証分析で DC 制度廃止を取り上げているため，制度移行（移換）について参考のために詳細に見ていく。DC 制度では，DB 制度や厚生年金基金などの他の企業年金制度からの移行が可能になっている。現行規定では，DB 制度や厚生年金基金の実施事務所であって，かつ，企業型 DC を実施する事業所の事業主は，当該移換元の年金に係る積立金の一部または全部（制度終了や解散の場合）を企業型 DC に移換することができると定めている。その際，当該企業型 DC の事業主の全部の同意や，移換に係る加入者の 2 分の 1 以上の同意などを得なければならないと定めている。ただし，企業側においても，積立金のうち算定した額が移換相当額（最低積立基準額の減少分）を下回る場合には，その下回る額を掛金として一括拠出しなければならないとの制約も課されている。[5] 移行そのものがスムーズという訳ではないものの，企業側はこれら条件がクリアできるのであれば実際に移行可能となるのである。

　一方で，DC 制度の発展する過程で，会計基準変更による企業年金制度への

影響も見られた。2012 年 5 月，企業会計基準委員会から「退職給付に関する会計基準」「退職給付に関する会計基準の適用指針」が公表された。主な改正内容は，未認識債務の処理について遅延認識から即時認識となる他，割引率の見直し，予想昇給率の見直し等である。原則 2013 年 4 月以後に開始する事業年度からの適用で，当面は連結財務諸表のみが対象となる。こうした会計基準の改正は，既存の確定給付型制度への影響が及ぶものと考えられる。具体的には，未認識債務が即時認識となることにより，未認識部分は貸借対照表上「その他の包括利益累計額」として純資産に反映される。積立不足等による財政的な問題を抱えている企業では，業績への懸念から確定拠出型への移行や，あるいは制度廃止へ加速化することも想定される。

　また，退職給付に係る会計処理は，繰延税金資産や繰延税金負債を形成する重要な税効果会計項目の 1 つであると考える。企業にとって，退職給付債務を多く抱えることは企業業績に大きく影響する。実際，企業は確定拠出型の DC 制度だけでなく，確定給付型の DB 型など複数の年金制度を抱えることが多く，企業にとってはリスクヘッジの観点で経営判断に関わってくるものと考える。

III　先行研究

　前章までにおいて，DC 制度の税制優遇措置等を含む退職給付制度や会計基準変更を中心に内容を整理してきた。本章では，第IV章以降で実施する実証分析に関連した先行研究を取り上げる。

　退職給付制度の移行に関する研究のうち，DB 制度から DC 制度あるいは CB 制度への移行に着目した研究は，これまでに多く行われている。特に，米国では日本と事情が異なり，早くから DC 制度や CB 制度が広く普及しているという背景が考えられる。

　本稿で参照する先行研究については，2 つの観点から整理している。第 1 に，米国の研究のうち，DC 制度や DB 制度への移行要因について研究しているもの（特に管理コストや課税に関するものを中心に）。第 2 に，日本の研究のうち，適年や厚生年金基金などの従来型年金や DC 制度に関するもの（ガバナンスを含む），会計基準変更に伴うものなどである。

まず，第1の観点に関する先行研究である。米国において，DB制度からDC制度への移行に関して，コストやリスクに着目して分析を行ったものとして，Stone（1991），Petersen（1994），Ippolito（1995）が挙げられる。Stone（1991）は，DC制度移行により，企業はDB制度における保険料などの会計コストを減らすことができる他，運用リスクなどを従業員に転嫁できるとしている。そのため，財務的に圧迫している企業ほどDB制度を継続するよりもDC制度を採用すると説明している。Petersen（1994）は，企業が財政的に圧迫している際のリスク軽減策として，年金制度の選択とキャッシュフローの変動に着目して分析している。DC制度はDB制度よりも制度的に柔軟性が高いことから，リスク軽減策の役割としてDC制度を選択する傾向にあることを説明している。Ippolito（1995）は，DC制度の普及について，1980年代の管理コストの増加や非製造業への従業員シフト等の要因を指摘している。DB制度からCB制度への移行に関して，財務要因や労働要因に着目して分析を行ったものとして，Kapinos（2009）やD'Souza et al.（2010）が挙げられる。Kapinos（2009）では，分析の結果，規模（総資産，従業員）の大きい企業ほどDB制度から移行している他，少なくとも1つ以上の組合を持つ企業ほどDBを終了せずCBに移行していることが判明した。また，1つの企業が採用しているDB制度の数についても分析しており，DB制度の数が多いほどDB制度の移行も終了もしないことが判明した。D'Souza et al.（2010）では，分析の結果，業績（ROE）の良くない企業ほどDB制度終了あるいはCB制度を採用していることが判明した。この他，Niehaus and Yu（2005）では，年金制度の選択に際し，資産に課される税の観点から分析を行ったものも挙げられる。

　次に，第2の観点に関する先行研究である。日本の企業年金制度のうち，厚生年金基金とDC制度に着目して分析を行ったものとして臼杵（2005）が挙げられる。2001年から2004年までの企業データを用いた実証分析の結果，財務リスクの高い企業ほど厚生年金基金を解散し，財務状況に余裕のある企業ほどDC制度を採用している結果となった。DC制度とCB制度への移行に着目して分析を行ったものとして吉田（2009）が挙げられる。2001年から2006年までの企業データを用いた実証分析の結果，業績の良くない企業ほどDC制度を採

用しているものの，規模（従業員数）の大きい企業ほどDC制度を採用するという点は米国と反対の結果となっている。また，CB制度の採用要因については，DC制度と同様に業績の良くない企業あるいは規模の大きい企業ほど採用していると説明している。適年や厚生年金基金に関する研究として，拙稿（2016）および（2022）を紹介する。拙稿（2016）では，2002年から2010年までの企業データを用いた実証分析の結果，適年制度を採用している企業のうち，財務内容の良い企業ほどDCやDBの他の企業年金制度へ移行している点や，財務・業績の良くない企業ほど移行せずに廃止している点が明らかになっている。拙稿（2022）では，厚生年金基金の制度廃止と会計基準変更に着目し，2010年から2017年までの企業データを用いて実証分析を行っている。その結果，債務や負債の少ない企業ほど年金制度の廃止を実施しているなどと説明している。退職給付会計基準変更に関連する研究として，吉田（2013）が挙げられる。2013年の退職給付会計基準変更に際して，債務の遅延認識から即時認識に変更すると，それに伴って企業の年金資産の運用政策が変更となるかどうかについて米国会計基準採用企業を用いて予備的に分析を行った。その結果，運用利回りの低い企業ほど運用資産が株式よりも債券割合が高くなり，変更前と比較して運用ポートフォリオの適正化が達成されると説明している。

この他，DC制度は近年，年金ガバナンスが注目されている。その一例として，臼杵（2021）は，「企業型確定拠出年金ガバナンスハンドブック」作成委員会座長として携わったことを踏まえ，投資教育をはじめとする事業主体が求められる役割や責任などについて説明している。特に，投資教育の努力義務としての現況に鑑み，ガバナンスのあり方にあまり高いハードルを設けず，規模の小さい企業でも活用可能な実践的な姿が必要だと言及している。また，事業主自らが従業員の老後設計などを一緒に検討する姿勢を求め，労働生産性と人事面での相乗効果が期待できる点も述べている。

以上を基にして，次章では問題意識および検証仮説の設定を行うことにする。

Ⅳ　問題意識および検証仮説

1　問題意識

　先行研究を整理した結果，本稿の問題意識は次の2点とする。

　第1に，企業が年金制度を廃止・解散する要因は何かという企業特性を調査するためである。本稿では，DC制度（企業型）に着目して実証分析を行う。特に，2012年の退職給付会計基準変更（退職給付債務の遅延認識から即時認識への変更）に関連して，2014年3月期決算以降の企業データにその影響が現れることに着目する。

　第2に，日本のDC制度では，第Ⅱ章で整理してきたように様々な税制優遇措置等が豊富に存在するにも関わらず，税制上の影響が何か関係しているのかを制度的に分析するためである。この点については，本来，DC制度に加入する企業数が右肩上がり傾向にも関わらず，実際には近年DC制度を廃止してしまう企業が少なくなく，上記実証分析と合わせて制度的にも掘り下げていく必要があると実感している。

2　検証仮説

　本稿で参照した先行研究によると，仮説の設定にあたっては，コストやリスク，財務要因や労働要因に関して組み立てられたものが多いと理解できる。本章でも同様にこれらの要因に着目し，計5つの仮説を設定する。[6)]

　1つ目の仮説である。DB制度や厚生年金基金などの確定給付型では，運用リスクが企業にあるため，好景気の時期や運用環境が良い状態では将来の給付に対する掛金負担が少なくて済む。逆に，景気低迷等の場合には，企業は追加的な掛金拠出が求められる。その際にベースとなるのが退職給付に関わる債務であり，企業にとっては将来的な予想を組み立てる際には早い段階でリスクを減少させる策を検討すると考えられる。また，企業は現実的に企業年金制度を1つだけでなく複数採用することが多く見られる。その際，企業は年金制度を抱えていると，退職給付債務や引当金繰入などの費用負担から，業績のために負担軽減やリスクヘッジを行うことが考えられる。言うまでもなく，退職給付

に係る会計処理は税効果会計項目の1つである。よって，退職給付債務を多く抱える企業ほど，DC 制度を廃止する。

① 契約債務仮説：退職給付に関わる債務を多く抱える企業ほど，DC 制度を廃止する。

2つ目の仮説である。一般的に，業績の良い企業では，突発的な出費や景気悪化への対応といった追加的なコスト負担が可能であると考える。その反面，業績の良くない企業では，これらの対応が難しいと考えられ，両者の間には隔たりがある。現行採用している DB 制度や厚生年金基金などの廃止に伴って，企業は積立不足等がある場合には一括拠出や給付減額といった措置により解消する義務が課せられる（法人税法施行規則）。DC 制度においても同様である。企業年金制度を廃止する際には，様々な会計処理が必要となり，企業業績が良くないと対応が難しいと考える。なお，自社の内部留保だけでは対応が難しい場合は，株主や金融機関からの資金調達も手段の1つであるが，いずれにしても企業業績の良し悪しが関係する。

② 業績仮説：企業の経営成績が良い企業ほど，DC 制度を廃止する。

3つ目の仮説である。かつて，厚生年金基金では 2011 年頃に AIJ 事件と呼ばれる年金資産喪失が社会問題となったことがあった。これらの事件背景などを踏まえると，厚生年金基金を保有する企業の年金資産が多いと，運用責任が金額に比例して高くなるため，業績が良くないと廃止できないものと考えられる。米国の先行研究においても，年金資産に対して課税が行われるため，年金制度終了への企業行動の1つとして指摘されていた。企業は複数の年金制度を抱えることが多いため，年金資産の多少が DC 制度廃止につながる可能性は十分にあると考えられる。

③ 年金資産仮説：年金資産額の多い企業ほど，DC 制度を廃止する。

4つ目の仮説である。企業にとっては，若い従業員が多いほど長期雇用への人件費負担や心配が必要となる。そのため，DC 制度などの確定拠出型であっても，企業に関わる負担軽減のために DC 制度を廃止する誘因の1つになると仮定できる。

④ 年齢仮説：従業員の平均年齢が低い企業ほど，DC 制度を廃止する。

5つ目の仮説である。企業年金制度の変更には、労働組合の承認が必要となる（組合のない企業では別途手続きが必要）。そのため、一定割合以上の賛成が求められ、組合色の強い企業では制度廃止への抵抗も予想される。このことから、企業は組合が組成されていないほどDC制度廃止への妨げが少なくなると考えられる。

⑤　組合仮説：労働組合が組成されていない企業ほど、DC制度を廃止する。

V　使用データおよび分析手法

1　使用データ

本稿で使用するデータは、我が国の証券取引所に株式を上場している企業を対象としている[7]。2013年時点でDC制度を採用しており、その後2021年までに廃止した企業は201社ある（比較検証可能な財務データをもつ企業限定）。また、2021年までで引き続きDC制度を採用している企業は533社ある。合計で734社の実証分析を行う[8]。各変数に使用するデータは、主に「日経NEEDS財務データ（連結決算）」から取得している[9]。その他、従業員数、平均年齢、平均給与、平均勤続年数についても、上記より同様に取得しているが、データの都合上、連結ではなく単体となっているものもある。労働組合データは『会社年鑑　全国上場会社版』（日本経済新聞社）から取得している。業種データは東証33業種分類に基づいて振り分けている（後述）。

2　分析方法

前章で提起した5つの仮説を基に、本章ではロジット分析手法を用いて実証分析を行う。推定式は次の通りである[10]。なお、説明変数のうち従業員数、平均給与、平均勤続年数の3つは、コントロール変数である関係上、仮説設定はしていない。

$$Y（廃止・継続）= C_0 + C_1 退職給付債務率 + C_2 負債比率 + C_3 ROA（CF比率）+$$
$$C_4 年金資産比率 + C_5 従業員数 + C_6 平均年齢 + C_7 平均給与$$
$$+ C_8 平均勤続年数 + C_9 労働組合ダミー + C_{10} 非製造業ダミー$$

調査対象期間は、2014年度から2021年度までの計8年分である。上述の通

図表7　DC制度廃止企業数の推移（2014〜2021年度）

年度	2014	2015	2016	2017	2018	2019	2020	2021	累計
廃止数	111	42	19	10	4	6	4	5	201

（出所）筆者作成。

り，退職給付会計基準変更によって2014年3月期より影響が反映していると想定し，以降のデータを使用する。本来は，8年間を例えば前期・後期のように細分化する必要性も高いが，図表7に示すように実際のサンプル数がそれほど多くないため，分析上，期間の分割は難しいと判断する。また，利用する財務データについては，会計基準変更の直前である2013年度決算値で分析していく。

　図表8では，対象期間中にDC制度を廃止した企業の業種別分布を示してい

図表8　業種別分布（2014〜2021年度）

番号	東証33業種名	移行数	番号	東証33業種名	移行数
1	水産・農林業		18	精密機器	4
2	鉱業	1	19	その他製品	8
3	建設業	13	20	電気・ガス業	1
4	食料品	9	21	陸運業	4
5	繊維製品	4	22	海運業	
6	パルプ・紙	1	23	空運業	
7	化学	12	24	倉庫・運輸関連	1
8	医薬品	12	25	情報・通信業	13
9	石油・石炭製品		26	卸売業	27
10	ゴム製品	4	27	小売業	9
11	ガラス・土石製品	2	28	銀行業	—
12	鉄鋼	2	29	証券・商品先物取引業	—
13	非鉄金属		30	保険業	—
14	金属製品	3	31	その他金融業	—
15	機械	25	32	不動産業	1
16	電気機器	21	33	サービス業	12
17	輸送用機器	12			

（出所）筆者作成。
（注）網掛けした業種は非製造業。
　　　分析の都合上，金融・保険業等（番号28〜31）は対象外とする。

る。個別業種では，卸売業（27 社），建設業（13 社），情報・通信業（13 社），サービス業（12 社）の順となっている。製造業・非製造業別では，前者 119 社，後者 82 社である。これに基づいて，業種ダミー変数（製造業：0，非製造業：1）を設定している。

VI　分析結果

実証分析の結果については，記述統計，相関係数，分析結果表の順に見ていく。まず，図表 9 は記述統計に関するものである。退職給付債務率は，平均値（7.27％）が示すように，上場企業では総資産に占める退職給付債務の割合がおよそ 1 割弱程度となっている。これは，1 つの企業内で退職給付制度を DC 制度だけでなく DB 型も複数採用するケースが多いためである。ただし，最大値は 49.59％，最小値は 0.01％となっていることから，企業間での債務負担の大きさが異なる様子がうかがえる。負債比率は退職給付引当金を考慮したオリジナルの変数で，先程の退職給付債務率よりも企業間格差が大きく，標準偏差も 20.58％となっている。業績を表す ROA と CF 比率は，データの性質上，値が

図表 9　記述統計表

		平均値	中央値	最大値	最小値	標準偏差	サンプル数
退職給付債務率	（％）	7.27	5.46	49.59	0.01	6.68	734
負債比率	（％）	50.08	49.87	138.99	4.11	20.58	734
ROA	（％）	4.56	4.10	23.92	-31.42	4.32	734
CF 比率	（％）	5.80	5.80	27.62	-30.13	4.91	734
年金資産比率	（％）	40.80	40.93	269.49	-4.34	39.30	734
log 従業員数	（人）	7.35	7.11	12.70	3.83	1.51	734
平均年齢	（歳）	40.44	40.60	57.30	29.80	3.12	734
log 平均給与	（万円）	15.58	15.58	16.51	14.83	0.21	734
平均勤続年数	（年）	14.75	15.10	24.00	0.50	4.02	734
労働組合ダミー		0.42	0.00	1.00	0.00	0.49	734
非製造業ダミー		0.47	0.00	1.00	0.00	0.50	734

（計算式）退職給付債務率＝退職給付債務 / 総資産 *100
　　　　　負債比率＝（負債 − 退職給付引当金）/（総資産 − 退職給付引当金 − 未認識債務）*100
　　　　　ROA ＝経常利益 / 総資産 *100
　　　　　CF 比率＝営業キャッシュフロー / 総資産 *100
　　　　　年金資産比率＝年金資産 / 退職給付債務 *100
　　　　　労働組合ダミー：組合が組織されている企業を 1 とする
　　　　　非製造業ダミー：東証 33 業種のうち，製造業以外の業種を 1 とする

マイナスとなる点にも留意する必要がある。年金資産比率も ROA など同様に値がマイナスになるため，平均値（40.80％）に対して最大値 269.49％，最小値−4.34％，標準偏差 39.30％と企業間でのバラツキが大きいことが分かる。

なお，従業員数と平均給与については，最大値が非常に大きく分布が歪んでいることから，対数変換後（log）のデータを使用している。労働組合の状況は，平均値が 0.42 であることから，およそ半数近い企業内に組合が存在している様子がうかがえる[11]。

図表 10 は変数間の相関係数を示している。多重共線性を考慮して，比較的数値の高くなっている 4 つの組み合わせ（ROA と CF 比率，年金資産比率と従業員数，従業員数と平均給与，平均年齢と平均勤続年数）については，計算を別々に実施している（いずれも相関係数 0.4 以上で抽出）。

ロジット分析結果は，図表 11 に示す通りである。まず，1 つ目の仮説（契約債務仮説）で退職給付債務率は，係数が 10％有意かつ符号も正であったため，仮説を支持する結果となった。企業が債務を多く抱えている状況と，DC 廃止への 1 つの興味深い結果であったと考えている。2 つ目の仮説（業績仮説）については，ROA が 10％有意かつ符号も正であったため，仮説を支持する結果となった。3 つ目の仮説（年金資産仮説）は，係数が 0.007 で 1 ％有意かつ符号も正であったため，同様に仮説を支持する結果となった。ここでは，積立不足を検証するための仮説設定であり，不足解消と財務諸表表示の観点で，DC 型廃止への誘因事由の 1 つとも受け取れる。4 つ目の仮説（年齢仮説）および 5 つ目の仮説（組合仮説）は，有意な結果が得られていないが，符号は仮説と同一（負）となっている点は興味深い。

この他，コントロール変数として組み立てた従業員数については，係数が 0.266 で 1 ％有意の結果が得られた。仮説設定は行っていないものの，従業員数が多い企業ほど DC 制度を廃止している様子がうかがえる。平均給与および平均勤続年数については，有意な結果が得られていない。いずれの結果も今後の参考としたい。

分析結果を概観すると，得られた経済的な意味は次の通りである。まず，債務負担の大きい企業や業績の良い企業ほど，DC 制度を廃止している点である[12]。

図表 10　相関係数表

	退職給付債務率	負債比率	ROA	CF比率	年金資産比率	log従業員数	平均年齢	log平均給与	平均勤続年数	労働組合	非製造業
退職給付債務率	1.000										
負債比率	0.060	1.000									
ROA	-0.091 **	-0.350 ***	1.000								
CF比率	-0.022	-0.203 ***	0.533 ***	1.000							
年金資産比率	0.324 ***	-0.016	0.008	0.036	1.000						
log従業員数	0.362 ***	0.169 ***	0.079 **	0.103 ***	0.406 ***	1.000					
平均年齢	0.166 ***	0.147 ***	-0.242 ***	-0.216 ***	0.076 **	0.109 ***	1.000				
log平均給与	0.233 ***	-0.107 ***	0.086 **	0.010	0.299 ***	0.452 ***	0.315 ***	1.000			
平均勤続年数	0.385 ***	0.089 **	-0.252 ***	-0.122 ***	0.244 ***	0.294 ***	0.545 ***	0.312 ***	1.000		
労働組合	0.184 ***	0.079 **	-0.082 **	0.034	0.137 ***	0.281 ***	0.147 ***	0.140 ***	0.386 ***	1.000	
非製造業	-0.186 ***	0.258 ***	0.060	-0.037	-0.161 ***	-0.162 ***	-0.052	-0.094 **	-0.216 ***	-0.220 ***	1.000

（図表注）ピアソンの相関係数を表している。なお，***，**はそれぞれ有意水準（両側）1％，5％であることを示す。
数値の高い変数は網掛けで表示している。

次に，年金資産比率が高い企業ほど DC 制度を廃止している点である。米国の先行研究では，企業が資産課税を要因として企業年金制度の廃止・移行につながる分析結果も出ている。我が国では米国とは税制が異なるものの，今後の研究参考につながる有意な結果が得られた点は意義が大きいと考えている。さらに，過去の拙稿結果を比較すると，適年，厚生年金基金，DC の 3 つの年金制度で特徴的な結果が得られた点である。例えば，適年では業績の良くない企業ほど適年を廃止して DC 制度へ移行し，厚生年金基金では業績の良い企業ほど（早く）廃止していることが判明している。適年は当時，制度廃止が 2012 年 3 月末に法的に決まっていたが，厚生年金基金と DC 制度は状況が異なっている。これら企業年金制度間では，当然ながら制度内容や経済環境なども異なり，本来一律で比較検討は難しい。ただ，長年かけて複数の企業年金制度の研究を継

図表 11　分析結果表

DC 廃止 or DC 継続

説明変数	予想符号	分析 1			分析 2		
		B	Wald	有意確率	B	Wald	有意確率
定数		-12.043	3.12 *	0.077	-2.523 ***	20.92	0.000
退職給付債務率	+	0.023	3.20 *	0.074	0.025 *	3.39	0.066
負債比率	+	0.007	2.05	0.152	-0.001	0.09	0.767
ROA	+	0.041	2.91 *	0.088			
CF 比率	+				0.000	0.00	0.989
年金資産比率	+	0.007	9.65 ***	0.002			
log 従業員数					0.266 ***	17.54	0.000
平均年齢	−	-0.016	0.24	0.622			
log 平均給与		0.697	2.28	0.131			
平均勤続年数					-0.027	1.10	0.294
労働組合ダミー	−	-0.124	0.47	0.493	-0.163	0.72	0.395
非製造業ダミー		-0.311	2.72 *	0.099	-0.232	1.53	0.216
収束までの反復数		5			4		
Nagelkerke R2		0.065			0.064		
DC 廃止企業（被説明変数＝1）		201			201		
DC 継続企業（被説明変数＝0）		533			533		

　（注）各係数の右横にある ***，* はそれぞれ有意水準 1%，10% を示す。
　　　　各変数の定義式は，記述統計表（図表 9）の下段に記載。

続したことで，その結果を概観することができた点はとても有意義に感じている。

Ⅶ　おわりに

本稿は，日本の主要な企業年金制度の1つであるDC制度（企業型）の廃止について，税制優遇措置等の制度面と財務データを用いた実証分析の両面から分析したものである。DC制度は，その豊富な税制優遇措置等を背景に，日本の企業年金制度を支え続けて20年余りが経過している。この間，退職給付会計導入（2001年度以降）や，適年・厚生年金基金の廃止等を含めて，様々な制度改正や会計基準変更が行われてきた。本稿では，税務会計に関する制度・実証分析として，直接的な税制度の影響を見ることは少なかったと実感しているものの，従業員の福利厚生面や人権などの側面を間接的に論じることができた点は有意義であったと実感している。

一方で，本稿を実施した結果，いくつかの残された課題が生じている。第1に，分析モデルの組み立てについてである。本稿で触れているように，米国の先行研究では企業の年金資産に対する課税と，企業年金制度の廃止・移行等の実証分析も存在する。我が国の税制では，米国と異なり拠出・運用・給付の各段階で非課税あるいは税制優遇が採られている。業績・財務内容だけでなく，税制に関する分析をさらに効果的に実現する取り組みが今後の課題と言えよう。また，第2の課題は，使用した財務データや期間の区分けについてである。本稿では，財務データ等の制約から，実際に利用可能なサンプル数を十分に確保する必要があり，会計基準変更（2012年）から早期に廃止する場合と遅れて廃止する場合の比較・検証が不十分であった。こうした課題等は，いずれも今後見直していく必要があると感じている。

最後に，企業年金制度のインフレリスクについて言及していく。現状，物価変動と年金の関係性は，マクロ経済スライドおよび物価スライドによる給付抑制が存在している。これらは日本で長期に渡る年金財政の持続可能性を意図して，公的年金制度に導入される仕組みであって企業年金等の私的年金にはない特徴である。年金は賃金と異なり，長期に渡る累積や現役時代・リタイア世代

との調整に関わることから，以前より現状と課題の議論が継続している。加え
て，インフレリスクやタックスインデクセーション（物価スライド税制）などの
議論も取り沙汰する必要性がある。木村（2023）では，マクロ経済スライドの
発動と未調整のキャリーオーバー（2018年施行）について，消費増税（2014年
度）による影響が大きい点を指摘している。今後，将来的な消費増税等が繰り
返されることも懸念拡大が気に掛かるところである。個人的には，公的・私的
年金の双方に渡って議論を深めていく必要性を述べつつも，今後の行方を注意
深く見守る必要性を強く感じている。

【謝辞】
　本稿は，日本学術振興会・科学研究費補助事業（JSPS：課題番号 21K01817，
2021〜2023年度）による研究成果の一部である。ここに記して厚く御礼申し上
げる。

参考文献

Dorsey, S., 1987. The economic functions of private pensions:An empirical analysis, *Journal of Labor Economics*, 5(4), S171-S189.

D'Souza, J., Jacob, J., Lougee, B., 2010. Cash balance pension plan conversions; An analysis of motivations and pension costs, *SSRN Working Paper (ID546843)*, pp. 1-37.

Ippolito, R. A., 1995. Toward explaining the growth of defined contribution plans, *Industrial Relations*, 34(1), pp. 1-20.

Kapinos A., 2009. On the determinants of defined benefit pension, *Journal of Labor and Research*, 30, pp. 149-167.

Niehaus, G., Yu, T., 2005. Cash balance plan conversions: Evidence on excise taxes and implicit contracts, *Journal of Risk and Insurance*, 72(2), pp. 321-352.

Petersen, M. A., 1994. Cash flow variability and firm's pension choice: A role for operating leverage, *Journal of Financial Economics*, 36(3), pp. 361-383.

Stone, M., 1991. Firm financial stress and pension plan continuation/replacement decisions, *Journal of Accounting and Public Policy*, 10(3), pp. 175-206.

井上雅彦（2018）『企業年金の最新課題に対応！退職給付会計実務の手引き』（第2版），税務経理協会。

上野雄史（2008）『退職給付制度再編における企業行動　―会計基準が与えた影響の総合的分析―』中央経済社。

臼杵政治（2005）「企業年金の制度選択要因」『日本ファイナンス学会第13回大会予稿集』

195

63-77 頁。

臼杵政治（2021）「確定拠出年金に求められるガバナンス」企業年金連合会編『月刊・企業年金』（2021 年 12 月号），4 - 7 頁。

壁谷順之（2016）「適格退職年金制度終了後の退職金・年金政策」『証券アナリストジャーナル』第 54 巻第 9 号，74-83 頁。

壁谷順之（2022）「将来的な厚生年金基金制度と企業の退職給付債務に関する分析　―会計基準の変更（即時認識）への対応を中心として―」『経営会計研究』（日本経営会計学会誌）第 25 巻第 1 号，1 -13 頁。

企業年金連合会（2021）『企業年金に関する基礎資料　令和 2 年度版』。

木村真（2023）「マクロ経済スライドの現状と課題」企業年金連合会編『月刊・企業年金』（2023 年 5 月号），18-21 頁。

JP アクチュアリーコンサルティング編（2013）『利回りや株式相場に影響されないリスク回避の企業年金設計』中央経済社。

新日本有限責任監査法人編（2010）『退職給付会計の実務』中央経済社。

野間幹晴（2020）『退職給付に係る負債と企業行動　―内部負債の実証分析―』中央経済社。

みずほフィナンシャルグループ確定拠出年金研究会（2007）『企業のための確定拠出年金』東洋経済新報社。

三輪登信（2015）『パターン別　退職給付制度の選択・変更と会計実務』中央経済社。

山田泰章（2005）『適格年金廃止とこれからの退職金』税務研究会出版局。

吉田和生（2009）「確定拠出年金制度とキャッシュバランスプランの導入要因」『現代ディスクロージャー研究』No.9，1 -15 頁。

吉田和生（2013）「退職給付債務の即時認識と年金資産の運用政策　―アメリカ会計基準採用企業の分析―」『オイコノミカ』（名古屋市立大学），第 49 巻第 2 号，79-88 頁。

注

1) 　本章で参照引用に使用した主な文献資料として，厚生労働省 HP，企業年金連合会（2021），新日本有限責任監査法人編（2010），JP アクチュアリーコンサルティング編（2013），みずほフィナンシャルグループ確定拠出年金研究会（2007），井上（2018），山田（2005）等が挙げられる。

2) 　図表 2 に記載の通り，適年は 2012 年 3 月をもって廃止となり，厚生年金基金は新たな基金設立の廃止の他，将来的な制度廃止を視野に入れて他の企業年金制度への移行等を促進し，2021 年 3 月末時点で基金数 5，加入員数 123 千人，資産額 13.8 兆円に縮小している。

3) 　一方で中小企業では，大企業と異なり独力で退職金制度を持つことが困難な場合に備えて，中小企業退職金共済制度（1959 年新設）が存在する。

4) 　CB 制度は，日本で導入開始以前より米国で普及している制度で，確定拠出型の特徴を持った確定給付型の混合型である。具体的には，確定給付企業年金制度の規約型・基金型，および厚生年金基金の 3 制度に導入可能である。個人ごとに仮想口座を設定し，年金持分額が積み立てられる。基本的には確定給付型であり，運用リスクは企業サイドにあるが，

従来型の制度と比較して企業の運用リスクは軽減されて，経済環境の変動を抑える効果がある。

5)　これらの出典法令は，DB法（82の2，54の4，54の3等），旧厚年法（144の5等），旧基金令（41の6等）などである。

6)　臼杵（2005），吉田（2009），拙稿（2016）および（2022）等を参照して作成。

7)　対象となる証券取引所は，東証，大証，名証の一部・二部および札幌，福岡，ジャスダック，ヘラクレスの各取引所である。なお，大証およびヘラクレスは廃止・統合により，継承取引所での上場企業を対象とする。また，2022年4月より東証再編で「プライム市場」，「スタンダード市場」，「グロース市場」の3つの新しい市場区分へと変更された。本稿で使用するデータは，2021年までのものであるため（再編前），考慮はしないものとする。

8)　DC制度移行のデータ判断は，「日経NEEDS財務データ（連結決算）」で2010年以降より入手可能となった。すなわち，「DC制度あり：1」「DC制度なし（他の企業年金等）：0」で判別する。

9)　労働組合データは，グループ企業に1社でも組合があれば「組合有り」としている。

10)　推定式の各変数の計算式は，記述統計表（図表11）の下段に記載している。計算式の根拠は，原則的に先行研究のうち臼杵（2005），吉田（2009），拙稿（2016）および（2022）等をもとにしている。

11)　労働組合データの参照は『会社年鑑　全国上場会社版』であるが，出版元の都合上，毎年度の最新情報ではないため，当該変数は参考程度に留める。また，組合の有無が不明な企業も存在するため，定義上は「組合なし：0」とする点にも留意したい。

12)　この結果については，もう少し補足説明が必要となる。企業は，債務負担を軽減するためにDC制度を廃止すると一概に断定するのではなく，（他の制度を含めて）退職給付債務や金融債務が大きいと既存の年金制度等を変更（廃止）するために必要な現金を用意し，拠出するのに時間がかかってしまうことが想定される。このため，手続き・処理面での実情があると解釈する。

日本租税理論学会規約

（1989年12月 9 日　制定）
（2002年11月16日　改正）
（2011年11月12日　改正）
（2019年12月 7 日　改正）

第 1 章　総　則

第 1 条　本会は、日本租税理論学会（Japan Association of Science of Taxation）と称する。

第 2 条　本会及び事務局は、日本国内に置く。

第 2 章　目的及び事業

第 3 条　本会は、租税民主主義の理念に立脚し、租税問題を関連諸科学の協力を得て総合的・科学的に研究することを目的とする。

第 4 条　本会は、前条の目的を達成するために、左の事業を行う。

  1　研究者の連絡及び協力促進

  2　研究会、講演会及び講習会の開催

  3　機関誌その他図書の刊行

  4　外国の学会との連絡及び協力

  5　その他理事会において適当と認めた事業

第 3 章　会員及び総会

第 5 条　本会は、租税問題の研究にたずさわる者によって組織される。

第 6 条　会員になろうとする者は、会員 2 人の推薦を得て理事会の承認を受けなければならない。

第 7 条　会員は、総会の定めるところにより、会費を納めなければならない。 3 年の期間を超えて会費を納めない場合は、当該会員は退会したものとみなす。

第 8 条　本会は、会員によって構成され、少なくとも毎年 1 回総会を開催する。

第 4 章　理事会等

第 9 条　本会の運営及び会務の執行のために、理事会を置く。

　理事会は、理事長及び若干人の理事をもって構成する。

第 10 条　理事長は、理事会において互選する。

　理事は、総会において互選する。

第 11 条　理事長及び理事の任期は、3 年とする。但し、再任を妨げない。

第 12 条　理事長は、会務を総理し、本会を代表する。

第 12 条の 2　理事会内に若干人の常任理事で構成する常任理事会を置く。任期は 3 年とする。但し、再任を妨げない。

第 13 条　本会に、事務局長を置く。

　事務局長は、理事長が委嘱する。

第 14 条　本会に、会計及び会務執行の状況を監査するために、若干人の監事を置く。

　監事は、総会において互選し、任期は 3 年とする。但し、再任を妨げない。

第 14 条の 2　理事会は、本会のために顕著な業績のあった者を顧問、名誉会員とすることができる。

第 5 章　会　計

第 15 条　本会の会計年度は、毎年 1 月 1 日に始まり、その年の 12 月 311 日に終わるものとする。

第 16 条　理事長は、毎会計年度の終了後遅滞なく決算報告書を作り、監事の監査を経て総会に提出して、その承認を得なければならない。

第 6 章　改　正

第 17 条　本規約を改正するには、総会出席者の 3 分の 2 以上の同意を得なければならない。

附　則

第 1 条　本規約は、1989 年 12 月 9 日から施行する。

租税理論研究叢書 33

令和5年10月30日　初版第1刷発行

人 権 と 税 制 ・ 税 務 行 政

編　者　日 本 租 税 理 論 学 会

発行者　日 本 租 税 理 論 学 会

〒603-8577　京都府京都市北区等持院北町56-1
立命館大学法学部共同研究室内（望月　爾）

発売所　株式会社　財経詳報社

〒103-0013　東京都中央区日本橋人形町1-7-10
電　話　03（3661）5266（代）
ＦＡＸ　03（3661）5268
http://www.zaik.jp

印刷・製本　創栄図書印刷
Printed in Japan 2023

ISBN　978-4-88177-603-2

租税理論研究叢書

日本租税理論学会編　　　　　　　　　　　各 A 5 判・150～250頁

表示価格は本体（税別）価格です　　　　　10号～26号のバックナンバーもございます